JN028422

宍戸常寿・石川博康 編

Shishido George+Ishikawa Hiroyasu

内海博俊・興津征雄・
齋藤哲志・笹倉宏紀・
松元暢子 著

法学入門

有斐閣

　情報化やグローバル化によって，私たちの社会は大きく変わりつつあります。しかも，今後の日本では，人口減少や少子高齢化が進むことで，より効率的で公正な社会のあり方が求められています。

　多様な人々が共に生きる社会では，その運営のためのルールとして，「法」が重要な役割を果たしてきました。法は，私たちの生活の隅々に関わっています。買い物するときにも働くときにも，恋愛をしたり，インターネットを楽しんだりする瞬間にも，実は法が私たちの行動に影響を与えています。民主主義の下では，法のあるべき姿を議論し，それを通じて社会を変えていくことが，政治参加の重要な一部でもあります。

　このように，法を理解することは，市民として生きていくために必要な能力であるにもかかわらず，法律家以外には，縁遠いものとして感じられてきたことも確かです。それは，「法」と聞いた多くの方が，分厚い六法全書をイメージすることに，表れています。しかし，法律の細かな条文を一つ一つ覚えることは，優れた法律家であっても，現実には困難です。むしろ重要なのは，法がどのような考えで設計され，運用されているかを理解して，法の下で正しく紛争を解決したり予防したりできることなのです。このような，法に関する知的な営みを体系化した学問を，「法学」といいます。

　前置きが長くなりましたが，この本は，現代社会に市民として生きるための法学の手引き書です。「法学入門」と題する本はたくさんありますが，ライフサイクルや暮らし，経済などの場面で法が果

たしている役割を具体的に明らかにしているところ（第3章）に，本書の特徴があります。その前提となる基本的な法分野の解説（第2章）でも，法の解釈や法が適用される手続を重視することで，法学のリアルなイメージを持っていただけるよう，工夫しています。

　法学にとって最も難しい問いは，ずばり「法とは何か」というものですが，本書の冒頭では簡単な説明にとどめています（第1章）。本書の最後に，法と法学の歴史を詳しく振り返ることで（第4章），法の役割や課題に，多角的にアプローチしています。

　本書の使い方は，読者の皆さんの自由です。生活で直面した法的問題や，関心を持った分野から探して読んでも，また，難しいと思ったところや興味のない部分は飛ばしても，結構です。でもいつかは，最初から最後まで読み通して，法と法学の現在の姿をつかんでいただければ，と願っています。

　本書の執筆者は全員，中堅・若手の法学研究者です。本書を作るプロセスでは，何度も会合をもって議論し，自分の専門分野を含めてお互いに教え合いました。そのことを通じて，私たち自身が法学について新たな理解を得たことは，とても楽しい経験でした。その楽しさも，皆さんに伝われば幸いです。

　本書の刊行にあたっては，有斐閣の藤本依子さん，井植孝之さん，荻野純茄さんに大変お世話になりました。この場を借りて御礼を申し上げます。

　　2021年3月

　　　　　　　　　　　　　　　　　　　執筆者一同

著者紹介

編著者

宍戸常寿（ししど　じょうじ）　　東京大学教授
　　［第1章1・2／第2章4／第3章1］

石川博康（いしかわ　ひろやす）　　東京大学教授
　　［第2章2／第3章2］

著　者

内海博俊（うちうみ　ひろとし）　　東京大学教授
　　［第1章3／第2章1］

興津征雄（おきつ　ゆきお）　　神戸大学教授
　　［第3章5・7］

齋藤哲志（さいとう　てつし）　　東京大学教授
　　［第4章］

笹倉宏紀（ささくら　ひろき）　　慶應義塾大学教授
　　［第2章3／第3章6］

松元暢子（まつもと　のぶこ）　　慶應義塾大学教授
　　［第3章3・4］

目　　次

第 **1** 章

法とは何か

1　法とは何か

社会規範としての法 ｜　法とは何か，という問いは非常に難しく，法学者の中でもさまざまな答えがあるし，どのような観点から答えるかも一様ではない。ここでは，「**社会あるところに法あり**」（*Ubi societas, ibi ius*）という古いことわざ（法諺）を手がかりに，考えていくことにしよう。

　社会といっても，さまざまである。たまたま何かのきっかけで出会った 2 人が，その出会った事情が終わるまで話をして共同で何かを成し遂げるというのも，広い意味での社会である。夫婦，親子といった家族も，大学生の部活動やサークルも社会であるし，ずっと人間の数は多くなるが，会社や地域社会も社会である。**国家**も，**国際連合**などの国際社会もまた，社会といえる。

　特定の目的で意識的に作られた社会もそうでない社会もあるし，社会の構成員が入れ替わっても続いていく社会も多い。しかし，なんとなくできた社会でも，時間が経つにつれて，誰が社会の構成員なのか，全員で物事を決めるのか役割を分担するのか，社会は何ができて何ができないのか，構成員は何をしてよくて何をしてはならないのか，社会の運営のコストを誰がどの程度担うのか等々のさまざまなルール（社会規範）が，適切な運営のために必要になってくる。

　言い換えれば，このような社会規範があってはじめて，社会は成り立っているといってもよい。特に構成員の数が増え，社会が複雑になってくると，構成員の間に，**紛争**が生じてくる。そのような紛争をあらかじめ避けるための規範，また，紛争が生じた場合にそれ

を解決するための規範が，必要になる。法は，このような紛争を解決し予防すること，それを通じて人々の協働を可能にするための，社会規範である。

法と道徳の関係

社会規範には，法のほかにも，**道徳，慣習，宗教**などがある。それぞれの境界は曖昧なこともあるが，単純化していえば，道徳は善を促し，悪を禁止するルールであり，慣習は社会で共有された標準的な行動の様式である。宗教は人間を超える存在（神や仏等）を中心とする観念の体系だが，教義により人々の行為や振る舞いが定められる。これらの社会規範は，人々に「〇〇すべし」という**当為**を命じる点では，法と共通した性格をもっている。

それでは，他の社会規範と比べて，法にはどのような特徴があるだろうか。この点は特に，法と道徳の関係という形で，古くから議論されてきた。一般に，法は人間の外面的な行為にかかわるとともに，国家により強制されるものである。法に違反すれば刑罰や損害賠償などの**制裁**を覚悟しなければならない。これに対して，道徳は人間の内心にかかわり，それに違反しても，良心の呵責を感じたり他人からの非難を受けたりするにとどまる。このようにみてくれば，法と道徳は異なる社会規範であることになる。

しかし法は，道徳，とりわけ**正義**と結びつけられてきた。正義に反する法に人々が従うべきかどうかは，「**悪法も法か**」という形で長く議論されてきたテーマであって，いまなお解決をみていない。現実の法の内容をみても，人々に対する制裁の条件として人間の心理状態（**故意**など）を要求する場合も多いし，例えば殺人罪のように，道徳的に許されないと同時に法的にも制裁の対象となる行為は

3

多い。このため法と道徳を峻別することはできず，むしろ「**法は必要最小限の道徳**」といわれることもある。

　とはいえ，法が道徳と一体化し，人々の内面に深く立ち入ることになると，国家による道徳の強制にもつながることに注意しなければならない。多様な考え方や生き方を認める社会にあっては，特定の道徳を強制することを避け，多様な人々が共生する社会を維持発展させるために当為を命じるが，それを超える問題は道徳などに任せることが，適切であろう。このように法と道徳の関係を捉える立場も道徳理論の１つとみることもできるし，その場合にはそのような道徳理論が法を支えるものといってもよいであろう。

| 法 と 権 利 | 社会を構成する人間と人間との間には，家族，友人，取引，職場等々，多様な**生活関係**が存在する。 |

この生活関係を法が規律するときには，それは同時に法的関係（**法関係**）となる。法関係のあり方は，基礎となる生活関係のあり方とともに，それを法がどのように規律しようとするかによっても，変わってくる。

　例えば，「赤信号を渡るな」という**法規範**のように，法が人々に「○○するな」ということを命じるだけの場合がある。この場合の法は，特定の人に義務を課す，客観的な規範である。これに対して，取引の法的規律として，「買主は売主に代金を支払え」という規範を考えてみよう。この規範は，取引関係を**権利義務**の関係とし，売主に代金の支払を求める権利を，買主に代金を支払う義務を発生させる。言い換えると，この規範は，自分の利益のために規範を遵守して行動するよう買主に求める法的な力を，売主という主体に与えているのである。このような場合には，実体としては，法と権利義

務は同一のものである。ドイツ語では，同じ "Recht" という単語が法と権利をともに意味しており，「**客観法**（objektives Recht）」という場合には規範を，「**主観法**（subjektives Recht）」という場合には権利のことを指しているが，これはいま説明した事情のわかりやすい表現である（→ 215 頁）。

　なお，権利の本質を何に求めるかについては，大きく 2 つの見方がある。いま挙げた例でいうと，規範を遵守して行動するよう求める法的な力が与えられているかどうかを重視する見方を「意思説」，特定の人の利益を法が保護しているかどうかを重視する見方を「利益説」という。

| 法の役割と機能

　ここまで，法が紛争を解決し予防し，それを通じて人々の協働を可能にするための社会規範であることを説明してきた。より詳しくいえば，法はただ紛争を解決すればよいというものではなく，「正しい」解決でなければならない。とはいえ，「正しさ」の基礎になる道徳や正義に関する考え方は多様にあり，当事者は自分の方が正しいと思っているからこそ，紛争も生じているのである。このような状況で，人々の幸福を効率的に実現する，人々の利益や意見を公正に扱う，将来の紛争を予防する等のさまざまな価値を考慮に入れながら，どのような紛争解決が「正しい」かを社会共通の規範として定めることが，**法の役割**なのである。

　このような法規範は，紛争を通じて**裁判**の形で明らかにされることもあれば，社会で権限を有する者により定められること（**立法**）もある。いずれにしても定められた法規範に違反した者は制裁を受けることになる。しかし，実際に制裁が発動されることは少ない。

それは，法に従わなければ不利益を受ける，逆に法の認める範囲内で行動すれば不利益を受けないとか，法規範に沿って生活関係を形成すれば，それが権利として守られるという**インセンティヴ**が人々に生まれる結果，法規範に違反する行動が現実には少なくなるからである。

　このため，定められた法規範の内容を理由もなく変更することは人々の期待に反することになり，特にその法規範のもとで成立した現実の権利義務関係を変化させると，社会秩序の安定を損なうことにもなりかねない。たとえそれが正義に反するように見える事態をもたらしても，法規範が変更されるまではその強制力が認められるのは，このためである（**法的安定性**）。

2　システムとしての法

| 法の存在形式 |

　社会生活が多様であり複雑であればあるほど，それを適切に規律するためには，法規範も多種多様で，また膨大なものになる。『六法全書』を初めて見た人は，そのボリュームに驚いたかもしれないが，それは日本社会で法的な効力をもつ法規範のうち主要な部分を収めたにすぎないのである。それでは，このように圧倒的な量の法規範を，私たちはどのような形で認識することができるのだろうか。

　法規範が存在する形式のことを，**法源**という。現代の私たちが普通，法規範といって思い浮かべるのは，**制定法**という法源である。これは，法規範を表現しようと意識して，権限のある者が定めた文章の形をとっている（**成文法**）。例えば，刑法 199 条は，国会が定

めた刑法という法律の一部であり，この条文から，私たちは人を殺してはならないという当為命題（法規範）を読み取ることができるし，裁判になれば裁判官はこの条文を適用して刑罰という制裁を命じるのである。制定法には，**憲法**，**法律**，**命令**（政令，府省令，規則），**条例**などがある。

　このような制定法に対して，社会またはその一部で自然発生的に成立した慣習が法的な拘束力をもつようになったときに，それを**慣習法**と呼ぶ。国内法秩序では，慣習法の内容のうち合理的なものが制定法に取り入れられていることが多い。このため，慣習法の役割は制定法に比べて二次的なものとなっており，制定法が認めたか，制定法に規定のない事項に関するものに限り効力を認められるに過ぎない（法適用通則法 3 条。**国際慣習法**について→ 203 頁）。

　制定法主義のもとでは，紛争が生じた場合にはそれを規律する制定法を基準として解決すべきであり，場合によってはそれに関する判例を参考にすることになるが，現実には，法がいまだ解決を与えていない，いわば「すきま」が見つかることがある。これを**法の欠缺**と呼んでいる。このような場面で一定の場合に，裁判官が物事の道理（これを**条理**という）を基準として，紛争を解決することが認められている（明治 8 年太政官布告 103 号裁判事務心得 3 条→ 101頁 *Column*⑤）。しかし，このように条理が法源となるのはあくまで例外的な場合であることに注意しなければならない。

　このほか，**判例**が法源に当たるかどうかについて，理論的な争いがある。判例とは先例となる裁判のことであり，英米法では，判例が法的な拘束力を有することが認められている。これに対して日本の法秩序は，ヨーロッパ大陸の諸国にならい，制定法を中心としており（制定法主義），判例は厳密な意味では法源に当たらない。し

かし，法律家（行政機関の担当者を含む）は，**最高裁判所**の判例と対立するような制定法の解釈運用をしても，最終的に裁判所によって判例に従うよう求められることになると考えて行動している。その結果として，現実には最高裁判所の判例には，先例としての事実上の拘束性が認められている。

　なお**学説**は，制定法の内容やその運用を体系的に研究する研究者の見解であり，裁判官等の実務家に強い影響力のある場合もある。とはいえ学説の役割は，判例以上に，事実上のものにとどまる。

法 秩 序	次に，このような多種多様な法源から形成される法秩序は，全体としてみれば，どのような姿をしてい

るのだろうか。

　実は，**法秩序**のなかには，法規範を定めたり変更したり廃止したりするための手続に関するルールが存在する。例えば，日本国憲法41 条は，国会を「唯一の立法機関」と定めているが，これは法律を制定する権限を国会に与えるものである。そして内閣は，法律の委任を受けて，法律が定めるべき内容を政令で定めることができる（憲法 73 条 6 号参照）。このように，上位の法規範が下位の法規範を定める権限を授ける（授権する）序列が，法規範によって定められる結果として，法秩序は，憲法→法律→政令→……といったピラミッド型の段階構造を形成することになる。

　いま説明した法規範の上下関係とは別に，法規範に秩序ある関係をもたらす原則がある。例えば，同格の法規範の間では，新しい法が古い法に優先する（**後法は前法を破る**）。また，ある事項について一般的に定める法規範と，その事項の中でも特定の問題について別の定めを置く法規範があれば，後者が優先的に適用される（**特別法**

は一般法に優先する)。

　このようにして，法規範はてんでバラバラに，いわば無秩序に存在するのでなく，まさに一定の秩序（法秩序）を形作っている。

|　法　の　分　類 |

法秩序を構成する法規範の分類にはさまざまなやり方があるが，代表的な分類は，どのような生活関係や社会生活を対象とするかに着目するものである。例えば**公法**は，法規範を強制し違反に制裁を課す公権力の発動のあり方や限界を規定する法規範の体系である。これに対して，市民や企業の間の取引関係等を対象とする法規範のグループを，**私法**という。このように公法と私法を峻別する捉え方は，国家権力の役割を秩序維持に限定する**自由主義**の時代に生まれたものだったが，その後は資本主義の発展による貧富の差の拡大等に対応して，人々の生存や暮らしを守るために積極的な国家の介入が求められるようになった。労働法や社会保障法といった**社会法**の分野は，そうした**社会国家的**施策を実現するための法分野であり，公法と私法の両方にまたがる性格をもっている（→ 132 頁，174 頁）。

　そのほか，国内の社会を規律する国内法と，国際社会を規律する**国際法**の区別など，対象とする社会生活の違いに応じて，さまざまな法の分類が考えられる。同じ法秩序のもとでも，実現しようとする価値や基本的な原則，あるいは法の適用や解釈の方法は，法分野ごとに異なっている。

|　法システムと
　他のシステム |

いま説明したことをまとめれば，法秩序は，さまざまな社会の側面に応じて分化しているとともに，新たな法規範を生成させたり古い法規範

を廃棄したりするダイナミズムを備えた，1つのシステムであるといえる。冒頭に述べた「社会あるところに法あり」という言葉がいうとおり，このような法システムがあって初めて社会は成り立つのである。

　もちろん社会は，ひとり法システムだけによって成り立っているわけではない。資本主義社会においては，財やサービスを取引する**市場**のシステムが存在するが，この市場システムを法システムは補完する役割を担っている。例えば，私法は市場システムを法的に支え，経済の発展やそこでの人々の幸福の実現を後押しする。公法は，政府が不当に市場の働きに介入しないよう制限を設けるともに，市場が行き過ぎた場合にそれを制御するための仕組みを設けているのである。

　ここまで，日本という社会を念頭に市場システムとどのようにかかわるかを含めて，法システムのあり方を説明してきたが，現代では，社会のグローバル化や情報化が進むにつれて，法システムのあり方も大きく変わりつつあることに注意しなければならない。

3　法の解釈と適用

(1)　法規範とその適用

要件と効果

　法規範は，法源（→6頁）としては，法律の条文として存在することが通常である。一例をあげると，民法709条は「故意又は過失によって他人の権利又は法律上保護される利益を侵害した者は，これによって生じた損害を賠償す

る責任を負う」という法規範を定めている。多くの法規範はこのように、「○○の場合には××である」という形をしている。このうち「○○の場合には」に当たる部分が**要件**，「××である」に当たる部分が**効果**と呼ばれる。これら法規範の基本的な機能は，要件に該当する事実が存在する場合に，効果として定められた一定の権利や義務の発生・消滅をもたらすことにある。

| 法的三段論法 |

次に，法規範に定められる要件は一般的・抽象的なもの（大前提）である。このような要件に個別・具体的な事実（小前提）が当てはまるかによって，効果が発生するかどうかが定まる。逆にいえば，法規範の適用のためには，具体的に生じた事実が要件に定められた抽象的な概念に含まれる（このことを「当てはまる」と表現する）かどうかについての判断が必要となる。民法 709 条を例にとって，実際にやってみることにしよう。

　まず大前提，すなわち民法 709 条が定める要件は，一般に，①加害者の行為が故意または過失に基づくこと，②被害者の権利または法律上保護される利益の侵害，③被害者の損害，④　①から②，さらに③へと至る経過が因果関係によって結ばれていること，の 4 つの要素からなると整理されている。また小前提としては，「スマートフォンを見ながら歩道を歩いていた Y 氏が反対方向から歩いてきた X 氏に接触して転倒させ，全治 2 週間の傷害を負わせた」という事実があるものとしよう。現実にはもっと慎重な検討が必要であるが，大雑把にみると，Y の行為は，道を歩く際には前方に注意すべきであるのにこれを怠ったのであるから①の過失に該当する。X は人にとって生命に次いで重要な身体を傷つけられている

ので②に該当する。また，仮に，Ｘが受けた**傷害**のため治療費の支払を余儀なくされ，あるいは仕事を休まざるをえず，もらえたはずの給料を失ったとすれば，それらは③にいう損害に当たる。そして，②③のできごとはＹが前方を注意していれば避けられたはずであるから④にも該当する。このようにしてすべての要件の充足が認められると，民法 709 条が定める効果，すなわちＹがＸに対して「損害を賠償する責任」を負うという効果の発生が肯定されることになる（709 条が属する「不法行為法」の詳細については，138 頁を参照）。

　このように，第 1 に法規範の定める要件（大前提）を明らかにし，第 2 に具体的な事実（小前提）が要件（大前提）に「当てはまる」かを判断することにより，（第 3 に）効果の発生の有無を定めるという思考のプロセスを，一般に「**法的三段論法**」と呼ぶ。法規範の適用は，基本的に，このような法的三段論法の試行を積み重ねることであるということができる。

(2)　法の解釈

解釈の必要性　そうであるとすれば，大前提（法規範が定める要件）と小前提（起こった事実）の内容を正確に認識することさえできれば，あとは法的三段論法の連続によって効果の成否を定めることができそうである。しかし，現実には，要件が抽象的に定められているため，あるいは，要件に当てはめるべき事実関係が微妙なものであるため，事実の要件への当てはめが困難であるという場合は少なくない。こうした場合には，法規範の意味を具体的な事実に適用可能な程度に具体化するという準備作業が必要となる。これこそ，一般に**法の解釈**と呼ばれているものである。

法の解釈（解釈論ともいう）は，「法学」として行われている営みの大きな部分を占めるものでもある。

解釈を要する例	要件が抽象的である例の1つに，民法709

条にいう「過失」がある。「過失」とは，ざっくりいえば「不注意で」というような意味である。日常生活を営むうえでは，その程度の理解であっても支障はないだろう。しかし，作ったような単純な事例を別とすれば，それだけでは，ある事件・事故の原因を生じさせた者に「過失」があったかを判断する材料としては不十分である場合が多い。そこで，過失とは「普通の能力を備えた人であれば尽くすべき注意を尽くさなかったこと」であるなどと，言葉の意味をより具体化させることによって，多種多様な事件・事故について，それが「過失」によるものかどうかを判断することができるようにする解釈が行われることになる。

　一方，「私権の享有は，出生に始まる」（民法3条1項）とされるときの「出生」が，人間が誕生することを意味することについては疑いの余地がない。しかし，分娩時の事故によって胎児が死亡したという状況を想定すると，すでに「出生」していた胎児（だとすれば「人」と呼ぶべきかもしれないが）が死亡したのか，胎児は結局「出生」することがなかったのかについて，判断に困る可能性がある。そこで例えば民法においては，母体から身体すべてが露出したことをもって「出生」とする，といった解釈がなされることになる（これに対して，生命の保護を目的とする刑法では，外部からの直接的な攻撃の危険が顕在化する，母体から身体の一部が露出した段階で「人」と解釈されている）。なお，解釈を要することは必ずしも法の欠陥ではない。とりわけ高度に複雑化した現代社会では，あえて要

13

件・効果を抽象的に規定しておくことで，事前には想定しきれない事態に対して，その適用に当たる者による柔軟な判断ができる余地を残しておくことがむしろ適切とされる場合も少なくない。

（3）　解釈の方法

文理解釈とその限界

では，法の解釈はどのような方法によって行われるべきだろうか。さまざまな考え方があるが，基本は，解釈という日本語が示すとおり，法源たる条文に書かれている言葉の意味をさぐっていくこと（**文理解釈**）にある。特に初学者には，解釈を行ううえで条文の文言が重要であることは，いくら強調してもしすぎることはない。

とはいうものの，条文の文言が多様な理解を可能にしている場合や，目の前にある事案を想定した条文がおよそ見当たらない場合，多くはないが字義にこだわって理解しようとすると明らかに不当な結果を生じるような場合などには，国語辞典をいくらひもといても，それのみによって正しい解釈を定めることができるわけではないことも確かである。以下で紹介する法解釈の諸方法と呼ばれるものは，そういった事態におけるガイドラインを提供するものといえる。もっとも，これらの方法を駆使して説得力ある解釈を提示できるようになるためには，それなりの知識（法分野ごとの性質の違いなど）と経験（どのような法解釈がより受け入れられるかについては，完全には説明できないが法律家にはある程度共有されている感覚のようなもの〔リーガルマインド〕もあるといわれる）を要する。それらを身につけることは，法学における学習の 1 つの柱であるともいえる。

基本的な解釈の方法 | まずは，言葉の辞書的意味を追求すると

いう狭い意味での①文理解釈以外で，よく用いられる解釈の方法を紹介する。説明の便宜のため，「公園で野球をすることを禁じる。違反した者は公園からの退去を命じる」という架空の条文を例にとることにしよう。

辞書的意味よりも広い意味を採用することを②**拡大解釈**，狭い意味を採用することを③**縮小解釈**と呼ぶ。ソフトボールやキックベースも禁止されていると解釈する場合は「野球」の拡大解釈にあたる。逆に，硬式球を使って野球をするのでなければよく，例えば軟式野球やテニスボールを使う野球遊びは許されると解釈する場合が縮小解釈にあたる。

次に，この条文について，球技はたくさんあるにもかかわらず，野球のみを名指しして禁止しているのは，他の球技，例えばサッカーをすることは禁止しないことを意味しているのだと解釈することが考えられる。このように，特定の事項が条文に書かれなかったということは，それを対象にしないという意味であるはずだ，と考えていく方法を④**反対解釈**という。他方，野球の禁止は，多数人で広い場所を占拠して行うような球技をすべて禁止するという考え方の１つの表れにすぎないと考え，同程度に広い場所を必要とする球技は広く禁止されているはずであると考えを進めることも不可能ではない。このように，条文の背後にあるより一般的な考え方を読み取り，条文の文言が直接には当てはまらなそうな事案にもその一般的な考え方に基づくルールが妥当すると考えていく方法もある。これが⑤**類推解釈**と呼ばれるものである。

さらに，条文は１つ１つがまったく孤立して存在しているわけではないこと（例えば民法の体系につき，45頁を参照）を考慮に入

れる余地がある。例えば，「公園内の野球場では軟式球を使用しなければならない」という条文が別に存在すると仮定してみよう。このとき，前記の野球禁止が公園内である限り野球場にも及ぶならば，このような条文を置く意味はない。だとすれば，「公園で野球をすることを禁じる」は，厳密には「公園の野球場以外の場所で野球をすることを禁じる」という意味に解釈する方が，すべての条文を整合的に理解しているといえないだろうか。このように，他の条文との整合性や，条文が置かれている位置・順序などを手がかりとしてする解釈方法があり，⑥**体系的解釈**と呼ぶことがある。

（4）　メタ・レベルの解釈方法

解釈同士を比較する

①から⑥の基本的な解釈方法を駆使すれば，文理から極端に離れることなしに採用可能な解釈の選択肢を明らかにできることが多いはずである。しかし，ありうる解釈の選択肢が複数あるという場合に，どれがより優れた解釈であるかを選び出す基準を①から⑥は含んでいない（ただし分野によって，ある解釈方法が好まれたり嫌われたりすることはある。例えば，刑法においては，違反者に刑罰という重大な結果をもたらすことから，何が犯罪となるかを定める条文の適用範囲を特に類推解釈によって広げるべきではないとされる→ 71 頁）。そうした選択は，以下で紹介するような，①から⑥とは別の方法・考え方に基づいてなされることが多い。

文理からの距離

最も単純な比較の方法として，より文理に忠実な解釈がより望ましいとするものがあり，これには，素朴かつ根強い説得力がある。ただし，どの解釈がより

文理に忠実であるかが常に明らかであるわけではない。また，以下に紹介するような方法で比較した結果，文理に最も即した解釈よりも望ましいものがある場合にはそちらを採用すべきであるとする立場も有力である。

法の目的から考える　　条文には何らかの目的があり，その実現により役立つ解釈が望ましいとするのが，有力な考え方の1つである。例えば，公園で野球を禁止する条文の目的は怪我人発生の防止にあるとするなら，サッカーにも野球と同程度に負傷のリスクがあるのであれば，それも禁止されるべきであるという解釈が説得力をもちうるだろう。対して，目的が地域のサッカーチームの強化にあるなら，この条文の類推解釈によってサッカーを禁止することは適切でない。

　しかし，条文に目的がはっきり書いてあることはほとんどないから，これをどのように定めるかがまず問題である。ある国に，自由にその国の法を決めたり変えたりすることができる絶対的権力者がいるのであれば，その者の意思に従って法の目的を理解すればよいとも思われる（立法者意思説）。しかし，国会における多数決によって法律を作る日本のような国では，ある法律に賛成した議員の考えも「同床異夢」であるかもしれない。したがって，正確な立法者意思を知ることは厳密には不可能であり，そのようなものが存在するかも疑わしいといわざるをえない。それでもなお立法者意思説を貫くとすれば，他の条文（なお法律の中には，法律全体の「目的」を明らかにする条文が置かれているものもあるが，その法律に含まれるすべての条文の目的がそれによって説明しきれるものでもない）やさまざまな準備作業も含めた立法過程に関与した人々（官僚・実務

家・研究者あるいは政治家）の見解，さらには，次に紹介する機能的分析に基づくなどして推定するほかない。とすれば，人によって条文の目的についての理解が分かれることも十分に考えられる。

　一方，法規範にはそれ自体に客観的・合理的な目的（法律意思）が存在しており，それに従って解釈を選択するべきとの考え方もありうる。法規範に意思があるというのはもちろんフィクションであるが，上述の限界から立法者意思も同様にフィクションであることを免れないとすれば，最も合理的と目されるものをその法規範の目的と定めて解釈の指針とすることにもそれなりの理由があるといえる。もっとも，客観的な目的を推論する材料も，立法過程に関与した人々の見解や機能的分析の結果などに求めざるをえないことが多く，それは上で紹介した立法者意思を推認する材料とそう変わるものではない。何が目的であるか見解が一致しない可能性があることも同様である。結果として，立法者は合理的に法を作っているはずだという前提があれば，立法者意思説に基づいて考える場合と，客観的な法律意思を考える場合との相違はかなり小さいということになる。

法の機能から考える

　一方で，法規範は，人々の行動を変化させる動機（インセンティブ）を与えることによって，社会のあり方に影響を及ぼすという機能を営んでいる。例えば，公園で野球を禁止することは，野球少年・少女を公園から遠のかせる一方で，ボールの危険に敏感な乳幼児とその保護者を公園へとより多く招き入れることになりそうである。ただし，サッカーは禁じられないのであれば，代わりにサッカー愛好家が流入して，結局乳幼児とその保護者にとっては危険な場所であり続けるこ

とになるかもしれない。

　法のこういった機能に注目するならば，複数の解釈の妥当性を比較するには，ある解釈の採用によって生じるであろう利害得失を直接的に比較（**利益衡量**）すればよいとの考え方が浮上する。野球だけ禁止する場合，あるいは野球と他の球技をともに禁止する場合に，それぞれ，怪我人の発生はどの程度防止されるのか，またボールの危険におびえず公園に来られるようになる人々の利益はどの程度のものか，あるいは，野球のみを禁止することでサッカーをする人が増え，あるいはサッカーの練習ができる場所が増えることにより，どの程度地域のサッカーチームを強化することにつながるか，さらには，自分がしたい球技をする機会を制限される人々の不利益はどの程度のものなのか，といったことをあれこれと考えていき，なるべく利益が大きく損失が小さいものを選択しようとするわけである。ただし，ある解釈をとった場合の利益と損失をすべて把握することは容易ではないから，思わぬ見落としの危険もある（例えば，公園でスポーツをする人がいなくなると，売店での飲み物等の売上が減少して公園維持の財源が不足するかもしれない）。また比較すべき利益や損失が異質なものである場合には（そのような場合は少なくない），どちらが大きいとかより重要であるといったことは，そう簡単には決められないという限界もある。

（5）　新しい解釈方法の発展

利益衡量の精緻化・定量化

とはいえ，比較される利益に等質性がある場合，典型的には原則として経済的な利害得失を問題にすればよい場合（例えばビジネスに強く関連する法分野）には，利益衡量は非常に有力な

手段となりうる。そうした分野を中心に近時目覚ましい発展を遂げているのが，数理モデルを用いてより定量的に利益衡量を行おうとする手法である。さらに法解釈における利益衡量は，伝統的に，解釈者による予測に基づくか，せいぜい判例や報道に現れた，全体からみれば少数に過ぎないかもしれない事案の分析に基づいて行われる傾向があったのに対し，ある法規範，あるいはその特定の解釈の存否によって，社会における人々の行動にどのような影響があるかについて，統計分析の手法を用いたより正確な分析を試みること（いわゆる実証研究）も普及しつつある。これらは，経済学においてよく用いられる方法論の法現象・法学への応用という側面を有することから，**法と経済学**あるいは**法の経済分析**と呼ばれる場合がある。

立法論との接近 | 利益衡量，あるいは近時における法の経済分析の結果は，基本的な解釈方法によっては導くことが困難な法規範のあり方こそが望ましいという可能性を示唆する場合もある。従来，そうした議論は解釈論の限界を超える「**立法論**」として区別され，法学の射程外ではないとしても一段重要性の劣るものと考えられる傾向がないではなかった。1 つの理由は，第二次世界大戦後にほぼ現在の形に整えられた基本的な諸法律について，国会によってそれらをタイムリーに改正していくという動きが乏しかったからである。しかし今世紀に入り，法改正の頻度は，分野によって程度の差はあるが高まっており，1 つ 1 つの改正までに許される議論の期間も短くなっている。結果として，改正が企図される際に議論を先導する役割を果たしうる立法論をあらかじめ蓄積しておくことの重要性は，解釈論に劣らぬ程度に高まりつつある。よって，これから法学を学ぶ者には，上で述べたものを含む新しい

方法論への，その限界に関する正確な認識を含めた適応がより求められることになろう。

参考文献

主に法／法学とは何かを深く考える素材として，

伊藤正己＝加藤一郎編『現代法学入門〔第4版〕』（有斐閣，2005年）

森田果『法学を学ぶのはなぜ？――気づいたら法学部，にならないための法学入門』（有斐閣，2020年）

瀧川裕英＝宇佐美誠＝大屋雄裕『法哲学』（有斐閣，2014年）

主に法の解釈に取り組むための手助けとして，

道垣内弘人『プレップ 法学を学ぶ前に〔第2版〕』（弘文堂，2017年）

山下純司＝島田聡一郎＝宍戸常寿『法解釈入門――「法的」に考えるための第一歩〔第2版〕』（有斐閣，2020年）

主に新たな方法論と法学のかかわりに関して，

飯田高『法と社会科学をつなぐ』（有斐閣，2016年）

第 2 章

法の基本
──憲法・民法・刑法・手続法

1　法と手続

（1）　なぜ手続なのか──3 つの視点

　法という現象を理解するうえでは，手続（さしあたり裁判とほぼ同義に考えてよい）に関する一定の知識が不可欠である。まずは，その理由を 3 つの視点から確認しておこう。

　　自力救済の禁止　　第 1 に，**自力救済の禁止**という法の基本原則がある。民法や刑法など，**実体法**と総称される法規範の多くは，ある人に何らかの権利・利益（例：持ち物を盗まれないこと≒所有権）を保障し，これらを侵害した者には救済（例：盗んだ物の返還）ないしは制裁（例：窃盗罪による刑罰）を命じることをその内容としている。自力救済とは，実体法によって保障されている自分の権利を侵害されたと考える者（仮に X とする）が，自分の判断で，勝手に，その侵害者であると X が考える相手（仮に Y とする）に対して，救済や制裁を発動させることをいう。

　正義にかなっているようにもみえるこのような行動を許すことは，しかし，特に Y がそのようないわれはないと考えている場合に，両者のもめごと（紛争），ひいては暴力を含む実力による衝突を生む可能性がある。実力による衝突が起きれば，X と Y はもちろん，周辺に居合わせる第三者の生命・財産にも危険が及びかねず，それが頻発するようでは，多くの人が平和に社会生活を営むことは不可能となろう。

　こうした事態を避けるために，ほとんどの国家・政府は自力救済

を禁止する。しかし，それだけでは，権利・利益を侵害された者は泣き寝入りするしかないことになりかねない。そこで，自力救済の禁止と引き換えに，国家が運営する裁判手続によって権利を実現できる，換言すれば救済・制裁が発動される（また，その前提として権利義務の存否に関する紛争の解決基準が得られる）ことを保障する，という方策が採用される。そのような方策のもとでは，権利を実現するための裁判手続がいかなる内容のものであるかが，権利の内容に劣らぬ重要性をもつのである。そのことから，少なくとも現在では，裁判手続もまた法（実体法と対比して**手続法**と呼ばれる）によって規律されることが一般的である。

人間の能力と
資源の限界

このように自力救済を禁止する結果ないし代償として，実体法に定められた権利義務の実現すなわち救済や制裁の発動は，主として裁判手続を通じて図られることになる。しかしその裁判は，現在のところ，どんなに優れた人物であるとしてもその能力に限界がある，生身の人間に過ぎない裁判官によって担われざるをえない。ある刑事訴訟において，被告人が被害者を殺した（が故に罰せられるべき）かどうかひとつをとっても，裁判官がたまたま殺人現場に居合わせたような非現実的な例でない限り，裁判官に絶対に正しい判断・裁判ができる100％の保証はない。また，いかに裁判といえども，無限に時間と資源を費やして正しい答えを探し求めることは現実的でないし，望ましいことでもない。

　そこで，次善の策としてではあるが重要になるのが，せめて裁判が一定のルール，すなわち手続法に則った過程を経て行われることを要求し，そのことによって，裁判のある程度の品質，あるいは，

裁判がある程度の品質を備えていることに対する人々の信頼を確保
しようとすることである。これが手続が重要である第 2 の理由とい
える。例えば，裁判官となる者に一定の資格を要求すること，当事
者には，自らの言い分とそれを基礎づける証拠を提出する機会，ま
た相手の言い分や証拠に反論する機会を保障したうえで，裁判官に
これらを慎重に吟味させること，裁判（判決）に理由を付させるこ
と，裁判に不服がある者に上位の裁判所によるレビューを求める機
会を与えること等が考えられ，実際に採用されている。手続法は，
これらの施策により，制約の中でも正しい裁判がされる確率をある
程度高めると同時に，裁判への信頼を確保することを 1 つの存在
意義としている。

| 権利としての手続保障 /デュー・プロセス

第 3 に，裁判では，当事者の一方が敗
者となる可能性が高い。しかも裁判の
敗者は，単なるゲームの敗者と異なり，
その財産や自由，日本を含む死刑制度存置国では生命さえも，国家
によって強制的に剥奪される可能性があるのである。

　個人の尊重をうたう憲法のもとでは，一方的で不合理な手続の結
果として裁判の敗者となりこれらを奪われることは——仮にその裁
判の結論が正しいものであったとしても——決して許容されない。
憲法が何人にも適正な手続や裁判を受ける権利を保障している
（31 条・32 条）のも，そのような考え方に立脚するものである。
よって裁判手続は，迅速かつ安価なものが用意されているだけでは
不十分であり，憲法が要請する一定の公正さを伴う手続——例えば
当事者が言い分を述べる機会が確保されること——を，裁判を受け
るすべての者に対して保障するものとなっていることが必要とされ

る。なおこのような考え方は，さらに，裁判以外の場面でも，政府（司法だけでなく行政も）が個人の権利・利益の侵害を伴うアクションに出ようとする際には，事前に（事後的に裁判によって争う余地があることとは別に）一定の手続が対象者に対して保障されることが少なくとも望ましいという考えへと発展しつつある。こうした考え方は，（(2)で触れる）非訟事件における手続保障の重視や，行政手続法（→ 180 頁）の制定に結実している。

(2) 手続法の前提と概観

裁判手続の種類 | 手続法は，前述のとおり，自力救済を禁止する一方で，実体法が定める権利義務の保護・実現を図るために国家が設置・運営する裁判手続のあり方を定める法の一分野である。裁判手続は，私人の権利義務の実現過程としての**民事手続（民事訴訟）**と，国家による刑罰権の実現のための過程である**刑事手続（刑事訴訟）**とに大きく分けられる。また私人の権利を政府とりわけ行政が侵害しようとする場合にも，私人は裁判手続によって自己の権利を実現（擁護）することが認められており，その手続は**行政訴訟**と呼ばれる。行政訴訟は，政府対私人という構図を有するという意味では刑事訴訟に近いが，その裁判の手続は民事手続にならうことを原則としつつ，行政によるアクションが紛争当事者のみならず多くの人に影響を与えるという特殊性を考慮して一定の修正を加えることを内容とする特別の法律（行政事件訴訟法等）によって規律されている（→ 180 頁）。加えて，例えば人の氏名変更の手続（戸籍法 107 条・107 条の 2 参照）など，法律上の争訟（→ 114 頁）といえないため司法部門（裁判所）が担当することに必然性はないが，法律によって裁判所が担うことと定められてい

る各種の手続があり，それらは非訟手続と呼ばれている。

| 裁判手続のインフラ | ところで裁判手続が現実に運営されるためには，これを行う組織，すなわち**裁判** |

所が設置されている必要がある。また裁判所が機能するためには，法廷など必要な施設が整備され，そして実際に裁判を行う裁判官やこれを補助する職員が任命され，稼働しているのでなければならない。これらいわばインフラについては，**憲法**とこれを受けて制定されている裁判所法等の法律，および最高裁判所規則によってその組織・陣容が定められている。

　特別裁判所をもたない（憲法 76 条 2 項）日本の裁判所は，**最高裁判所**を頂点として，その下に**高等裁判所**（全国 8 か所），さらにその下に**地方裁判所**および家庭に関する事件や少年（非行）に関する事件を専門的に扱う**家庭裁判所**（各全国 50 か所），そして地方裁判所の下に**簡易裁判所**（全国 438 か所）が位置する 1 つのピラミッド構造をなす。下級裁判所の裁判に対しては，1 つ上の階層をなす裁判所に対する上訴が認められるのが原則である。各裁判所には複数の裁判官が配置されており，持ち込まれる各事件はその中の 1 人，または複数（多くの場合 3 人）の裁判官の合議体によって担当される（裁判員裁判が行われる一部の刑事訴訟では，裁判官と一般市民から選ばれる裁判員が 1 つの合議体を構成する）。また各裁判所には，裁判官以外に裁判所書記官・裁判所事務官・裁判所調査官・執行官などの職員が配置されている。なお裁判所における人事その他の行政事務は権力分立の実質を保つ見地から最高裁判所が司るものとされ，実質的には最高裁判所事務総局によって担われている（裁判所法 12 条・13 条）。

　一方，裁判所の外側には，まず，刑事訴訟において一方当事者として被告人の処罰を求める役割を果たすほか，犯罪捜査の権限も有する**検察官**が全国に配置されている。さらに，いわゆる在野（非公務員）法曹として民事訴訟における当事者の代理，刑事事件の被疑者や被告人の弁護等を行う**弁護士**がいる。弁護士の指導・監督は弁護士自身により構成される各地の弁護士会と日本弁護士連合会（日弁連）に委ねられており，国家機関による監督は受けないものとされている（弁護士自治）。一部の例外を除いて，裁判官・検察官・弁護士は司法試験に合格したうえで最高裁判所に置かれた司法研修所において司法修習を終えるという同一の養成プロセスを経た者によって構成されており，法曹三者と総称される。ただし現在のところ，法曹三者間での人材の流動性が高いというわけではない。

裁判手続の基本型としての民事手続　　１つのホールがコンサートや演劇，講演会など多様な用途に使われるように，裁判所を中心とする上記のインフラは，民事・刑事・行政訴訟さらには各種の非訟手続を含む多様な手続に利用される。以下では，そのうち最も基本的な手続として民事手続（民事訴訟）を例にとり，その具体的内容を紹介する。

判決と執行の区別　　民事手続（民事訴訟）は，**判決手続**と**執行手続**の２段階に区分できる。判決手続は，権利義務の存否について争い（紛争）がありうることを前提としてその解決を図るものである。以下で詳述するように，判決手続は原告の訴えによって始まり，権利義務・法律関係の存否を巡って原告と被告が口頭弁論において主張と証拠を提出して争い，最終的に裁

判所が判決という形で決着をつけ，上訴を経てこれが確定するまで
の過程であり，主に民事訴訟法という法律によって規律されている。
なお狭い意味では，単に民事訴訟といえば判決手続のことを指す。

　執行手続は，判決によって確定された権利義務を強制的に現実化
させる過程である。判決は裁判所による言葉あるいはその書面化
（判決書）に過ぎないから，判決によって原告の被告に対する権利
が認められたとしても，それが現実のものとなる（例えば，「被告
は原告にお金を支払え」という判決に基づいて原告が実際に現金を手
にする）ためには，国家が，強制力を用いてでもその実現を図るこ
とができる必要がある（民法が債権者に履行請求権を認めること
〔→ 53 頁〕に対応する）。そうでなければ，民事手続は自力救済の
禁止を代償するものとして十分な役割を果たしえない。

　執行手続はさらに個別執行と包括執行に分類される。前者は**強制
執行**とも呼ばれ，民事執行法により規律される。強制執行は，確定
判決など一定の文書（債務名義）が提出された場合にのみ開始され，
執行機関（執行裁判所または執行官）が権利者に代わって債務名義
に表示された権利の実現を法定の手続に従って行う。一方，後者は
倒産手続とも呼ばれ，破産法・民事再生法・会社更生法等の法律に
よって規律される。義務者の財産が，彼／彼女に対して多数の権利
者が有する権利をすべて満足させるに不十分である場合（端的には
方々からの借金が返しきれない状況を想像せよ），多数の権利者が義
務者のもとに殺到して衝突を招く危険がある。これを避けるため，
すべての権利者の権利行使をいったん停止させたうえで，その間に
義務者の財産を精査・換金してこれを平等に権利者に配当するとい
うのが，包括執行＝倒産手続の基本的な発想である（個人の倒産に
ついては→ 127 頁，会社の倒産については→ 145 頁）。もっとも執

行手続については以上にとどめ，以下では判決手続について説明する。

> **Column①判決・決定・命令**　裁判所がする裁判は，判決と決定に分けられる。判決は，原則として法律上の争訟についての訴えに対するもので，公開法廷における口頭弁論の実施を含む慎重な手続を経てなされる裁判であり（憲法の要求でもあることにつき，→114頁），判決に対しては控訴・上告という上訴の手段が用意される。裁判所がする判決以外の裁判（訴訟に関して生じる付随的な事項に関するものや非訟事件の裁判がこれに当たる）が決定である。決定をするのに口頭弁論を経る必要はない。命令は，裁判所ではなく裁判官が主体となる（裁判所が合議体である場合にこの差異は重要性をもつ）裁判である。若干ややこしいが，法律上「命令」という名前がついていても，主体が裁判所であれば性質としては決定である。決定・命令に対しては，抗告という上訴手段が認められる場合がある。

（3）　判決手続の開始から終了まで

訴え提起と訴状の送達　判決手続（第一審）は，権利・利益を侵害あるいは脅かされていると主張する者が一方当事者（原告）となり，当該権利・利益の侵害者であると原告が主張する者を他方当事者（被告）として，特定の裁判所（例えば東京地方裁判所）に訴えを提起することによって開始される。訴えの提起は原則として，誰を被告とするか，および，請求すなわちどのような権利義務・法律関係についていかなる内容の判決を求めるかを記載した訴状の提出によってしなければならない。訴えは，求める判決の内容に応じて，被告に対する行為命令を伴う判決（給

付判決）を求める**給付の訴え**，権利義務・法律関係の存否を確認的
に宣言する判決を求める**確認の訴え**，法律関係の変動をもたらす
（例えば，離婚判決によって婚姻関係が解消されることをいう）判決
（形成判決）を求める**形成の訴え**に分類される。なお原告は，提起
しようとする訴えを裁判することが認められている（管轄〔権〕を
有する）裁判所を選んで訴えを提起しなければならない（ただし，
管轄違いの訴えは原則として管轄裁判所に移送される）。被告の住所
地に近い裁判所が管轄権を有するのが原則とされるが，請求の性質
によってこれ以外の裁判所にも管轄権が認められるほか，当事者双
方の合意や管轄違いの訴えに対して被告が「受けて立つ」ことによ
っても管轄権を生じることがある（合意管轄・応訴管轄）。

　訴状を受け取った裁判所は，これを，当該裁判所に勤務するうち
の特定の裁判官によって構成される裁判機関（これも法律上は「裁
判所」と呼ばれる）に割り当て（配付す）る。配付を受けた裁判機
関としての裁判所は，訴状に必要事項が記載されているかの裁判長
による確認（訴状審査）を経たうえで，彼／彼女が訴えられている
ことを知らせるために，訴状を，被告に法定の特別な方法（送達と
いう）によって送り届ける。この際，後述する第 1 回口頭弁論期日
（の日時と場所）を指定したうえでそこに被告を呼び出すための呼
出状を併せて送達することが，必須ではないが一般的である。なお，
このような審理の日程調整や期日における訴訟指揮（発言の時間・
順序の指定など），関係する他の事件と審理を分離したり併合した
りする判断は原則として裁判所の判断（訴訟指揮権）に委ねられて
いる（職権進行主義）。

　判決手続は，訴状の送達によりようやく本格的なスタートを迎え
るものとされており，このことを訴訟係属と呼んでいる。訴訟係属

後には，同一の（当事者と請求を同じくする）事件についてさらに訴えを提起することが禁止される（二重起訴の禁止。民事訴訟法142条）。

民事保全 判決手続（およびその後の執行手続）による権利の実現は，短くとも数か月，長ければ数年単位の時間を必要とする。その間に，どうせ取られてしまうならと考えた義務者（被告または後に被告となる者）が，返さなければならないはずの物やしなくてはならない支払の原資となる財産を隠匿・費消あるいは第三者に譲渡してしまい，その結果として，権利の実現が不可能ないし困難にされてしまう可能性があることは想像に難くない。それを防ぐため，判決および執行手続の決着がつくまでの間，義務者に対して仮に現状の変更を禁止する手段として，民事保全法が定める民事保全の手続がある。判決手続は訴状の提出によって始まるが，現実には，原告となる者はその前に民事保全の手続を利用することを検討しておく必要がある。

争点・証拠の整理 訴状と呼出状の送達を受けた被告は，原告の請求に対する応答や自らの言い分を記載した答弁書を裁判所に提出したうえで，指定された第1回口頭弁論期日に出席することになる。**口頭弁論**は，公開の法廷において（公開主義。憲法82条1項にいう「対審」は民事訴訟では口頭弁論を指す），後に判決をする裁判官自身の面前で（直接主義），当事者双方が，口頭による陳述によって言い分を戦わせる（双方審尋主義・口頭主義）審理の方式である。民事訴訟の審理はすべて口頭弁論によって進められていくというのがもともとの建前であるが，現在で

は訴状・答弁書のほか，期日に先立って準備書面の提出が強制されるなど，口頭陳述を補完する書面の役割が大きくなっている。なお現在，紙の書面を電子データに置き換え，また口頭弁論や次に述べる弁論準備手続を必要に応じてウェブ会議で行えるようにすること等を内容とする，民事訴訟の IT 化に向けた検討が進められている。

　さらに，審理の迅速化・効率化が重要視される近年では，お互いの言い分と提出予定の証拠を突き合わせて，見解の相違があるポイント（争点）と争点を決着させるために調べる必要がある証拠を整理する手続を徹底的に行ったうえで，集中的に証拠調べを実施し，その後可及的速やかに判決を言い渡すという段階づけが強く意識されている。そして，その前半に当たる争点・証拠整理を口頭弁論の方式で行うことは，当事者・裁判所が率直に意見交換を行うことを妨げる要因となるといった事情から，公開法廷でない一般的な会議室のようなスペースで，**弁論準備手続**という方式により争点・証拠整理を行うことが多くなっている。なお文書である証拠（書証）に関しては，争点・証拠整理にも役立てるため，後述する証拠調べを待つことなく弁論準備手続におけるその取調べ（裁判所による閲読）が認められている。

民事訴訟における情報収集手段

訴状や答弁書を適切に書くためにも，争いある事実を証明する証拠を得るためにも，当事者は事件に関連する情報を必要としている。必要な情報が当事者の手元にない場合には，相手方や第三者から収集する必要があるが，その手段の脆弱さが民事訴訟における問題として指摘されている。とりわけ患者対病院，消費者対大企業，一般市民対政府（行政）など，そもそも情報収集能力に格差のある

主体が対決する訴訟において，問題は特に深刻である。現在では，弁護士会照会（弁護士法23条の2），当事者照会および提訴前の照会（民事訴訟法163条・132条の2）により第三者・相手方から必要な事項について報告・返答を求めることが可能であるほか，文書提出義務（220条）の範囲も拡大されるなど，民事訴訟法の改正等により，当事者が利用できる情報収集手段はそれなりに充実しつつあるようにもみえる。しかし，いずれも不当な協力拒否に対する制裁がないか，あっても実効性に乏しいため，十分には機能していないとの指摘もある。

　情報収集上の課題は，法の専門家である裁判官が通常有していないような専門的知見の導入にもある。その原則的方法とされる専門家による鑑定（民事訴訟法212条以下）は，手続の複雑さや費用の面からやや敬遠されており，代わって当事者が独自に専門家に依頼して結果を文書で提出する私鑑定が普及している。しかし私鑑定の中立性・信頼性には疑問もあり，より安価に中立性を担保された専門家を確保する手段として，専門委員の制度や裁判所調査官の活用が試みられている。

証拠調べから判決へ

　争点・証拠整理手続が終了すると，取り調べる必要があるとされた証拠，とりわけ証人・当事者本人の尋問を集中的に行う集中証拠調べの段階に移行する。証人尋問・当事者尋問は，原則として，公開法廷において当事者双方および裁判所が証人・当事者に対面で質問する形式によって行われる（証拠調べ期日というが，口頭弁論の一種とみてよい）。

　集中証拠調べを経ると，「裁判をするのに熟した」（民事訴訟法243条1項）として，裁判所は判決（終局判決）をすることになる。

判決は公開法廷における言渡しによって効力を生じ，これをもって
第一審の手続が終了する。判決のうち，原告が定立した請求を容認
するものを請求認容判決，これを退けるものを請求棄却判決という。
請求認容判決・棄却判決を合わせて本案判決という。ただし本案判
決がされるためには，訴えが一定の要件（**訴訟要件**）を満たしてい
る必要がある。訴訟要件にはさまざまなものがあるが，例えば，訴
えの内容が紛争の解決のために有効適切であること（訴えの利益），
また適切な当事者（原告・被告）が選択されていること（当事者適
格）などがある。なおこれらが訴訟要件として課されるのは，本案
判決をしても紛争の解決に十分に貢献しえない訴えに裁判所の限ら
れた資源を投入することは適切ではないからである。訴訟要件を欠
く訴えには，不適法なものとして門前払い（訴え却下）の判決がな
される（訴訟要件と本案の分離の歴史的意義について→ 218 頁）。

|上訴とその機能|第一審判決に対しては控訴，控訴審の判決に対しては上告という上訴の手段が認められる。

ただし，それぞれ判決書の送達を受けてから 2 週間以内にしなけ
ればならない。控訴審は，第一審の口頭弁論を継続するもの（続
審）とされ，新たな主張・証拠の提出が可能であり，また控訴審判
決は，第一審の事実認定を改めることができる（**事実審**）。一方上
告審は，原則として，控訴審までの事実認定に基づき，法の解釈適
用の当否のみを審査することができる（**法律審**）。控訴審・上告審
は，下級裁判所の判決を控訴人・上告人にとって不利に変更するこ
とを（相手方も控訴・上告した場合を除き）禁じられる（不利益変更
禁止の原則）。

　法律審たる上告審には，特に最高裁判所がこれを担う場合には，

判例を通じた法解釈の統一・安定を図る機能が期待されている。最高裁がその見地から重要な事件にリソースを振り向けられるよう，最高裁への上告は，重大な手続上の瑕疵がある場合（民事訴訟法312条2項）以外には，憲法問題を含む（同1項）か，控訴審判決が過去の最高裁判所の判例と矛盾している場合など「法令の解釈に関する重要な事項を含む」として最高裁が受理した場合にのみ認められる（318条）。なお，日本の法律家が最高裁判例に実質的な拘束力を認める傾向にある（→7頁）背景には，さらに，最高裁自身が過去の判例を変更するには15人の裁判官全員が参画する大法廷による判断（大法廷を開くことは，多忙な最高裁にとって容易でない）が必要とされること（裁判所法10条3号）がある。

| 確定判決とその効力 | 判決に対する上訴の手段が尽きると，判決は確定する。判決確定後にその取消し |

を求めること（再審の訴え）は，手続に極めて重大な瑕疵がある場合で（民事訴訟法338条参照），かつ，それを上訴（控訴・上告）によって主張しえなかった場合に認められうるにすぎない（再審の補充性）。

　確定した判決（確定判決）は，**既判力**という拘束力を当事者双方に及ぼす。既判力は，訴訟の事実審口頭弁論終結時における，請求の目的となる権利義務関係（訴訟物）の存在または不存在について，これを以後の訴訟において争うことを禁止する効力である。逆に，それ以外の判決理由中で示されるさまざまな判断については，拘束力を生じないのが原則である。既判力以外に，確定した給付判決には，強制執行の手続を開始させる根拠（債務名義）となるという執行力，形成判決には，その判決によって法律関係が変動するという

形成力が生じる。なお裁判所は，給付判決に，確定前から執行力を付与する旨を付記することができる（仮執行宣言）。

　確定判決の効力は当事者のみに及ぶ原則であるが，当事者の承継人，あるいは，そもそも他人のために民事訴訟の当事者となる場合（訴訟担当という）にはその他人にも既判力や執行力が及ぶことになる。さらに，請求の目的となる法律関係の性質によっては，ある人との関係ではそれが存在するが，別の人との関係では存在しないというように判断が相手によってバラバラになる可能性を認めると不都合を生じる場合（婚姻関係のような身分関係や組織に関する法律関係など）がある。そのような場合には，広く第三者にも判決の効力（対世効）が及ぶ旨が法律で規定される。

（4）　民事訴訟における重要原則

処分権主義　以上のような過程をたどる判決手続には，その理解に欠かせないいくつかの重要な原則またはルールが存在する。以下はそれらの簡単な紹介である。

　判決手続は，原告となる者のこれを利用する意思に基づいてのみ行われる（訴えなければ裁判なし）。原告は，訴えを提起するかどうか，いかなる請求について裁判所の判決を求めるか，さらには，訴訟の途中で訴えを取下げ（ただし被告の同意を要する場合はある）あるいは請求を放棄するかについても自由に判断することができる。被告も，自分の意思で原告の請求を認める（請求の認諾）自由を有する。また原告と被告はいつでも，お互いに譲り合う合意をして訴訟を終わらせる（訴訟上の和解という）ことができる。このような，判決手続を利用するか，どのような権利義務・法律関係について利用するか，利用を途中で止めるかの判断権を当事者，とりわけ原告

が有する原則を**処分権主義**という。処分権主義は，民事訴訟が私法上の権利義務関係に関する争いを裁判するものであることから，私法の基本原則である私的自治（意思自治）の原則（→47頁）を訴訟の利用についても反映させるものと理解されている。

弁論主義 ｜ 私的自治から導かれるとされているもう一つの原則が**弁論主義**である。裁判所が判決をする際に判断の基礎となる事実と証拠の範囲は当事者が設定するものとする原則である。弁論主義は，さらに，①当事者が口頭弁論において主張した事実のみが判決の基礎となる，②当事者間に争いがない事実（なお民事訴訟では，一方当事者の主張を他方が認めて争わないことを自白と呼ぶ）は，そのまま判決の基礎としなければならない，③一方が主張し他方が争う事実の存否につき行う証拠調べは，当事者が提出した証拠についてのみ行う，の3つのルールに具体化されている。これら3つのルールは，裁判官が判決内容を確定する際だけではなく，争点・証拠整理手続の段階において，必要な証拠調べの範囲を絞りこむ主要なツールとしても機能する。

　もっとも，伝統的な理解によれば，弁論主義の適用対象となる事実とは，法規範の定める要件に直接該当する事実＝主要事実に限られる。主要事実以外にも重要性をもつ事実として，主要事実を推認する根拠となる事実（間接事実という）や証拠の評価を左右する事実（補助事実という）があるが，これらについては弁論主義，特に上記①②のルールは及ばないものとされている。間接事実や補助事実を判決の基礎とするかについてまで当事者の意思により裁判所の判断を拘束できるものとしてしまうと，裁判官の合理的な事実認定を困難にするおそれがあるためである。

職権探知主義　一方，弁論主義の根拠を私的自治に求めるとすれば，私的な利益にのみかかわるとはいえず，公益にも深くかかわる事柄（例えば，親子や婚姻の関係に関するもの）を扱う手続においては，弁論主義が妥当する必然性はないことになる。そのような場合には，裁判所が当事者の主張に拘束されることなく，みずから事実や証拠の収集に乗り出すこと（職権探知）を許容する特別の規定が置かれる。この種の規定は，弁論主義と対置する意味で**職権探知主義**を定めるものと呼ばれる。ただし，職権探知主義のもとでも，裁判所が職権で何をどこまですべきかは，事柄の公益性の性質や強弱に応じて場面ごとに異なりうることには注意が必要である。

事実と法の峻別と法的観点指摘義務　さらに，弁論主義の対象は事実にとどまり，法の解釈適用には及ばない。換言すれば，裁判所は当事者が適用を主張していない条文や，当事者の理解と異なる法の解釈に基づいて判決することも可能とされる。

　もっとも，近時では，このように裁判所が当事者の予測しない法の適用・解釈（法的観点）に基づき判決することは，当該観点に基づく主張・立証の機会を実質的に制限するいわば「不意打ち」であり，望ましくないと考えられている。そこで，裁判所が当事者の予測していない法的観点を重要と考える場合には，その旨を当事者に指摘して主張・立証を促す義務（法的観点指摘義務）があるとされる。なお裁判所が主張・立証の具体化あるいは新たな主張・立証を当事者に対して促すことを**求釈明**といい（民事訴訟法 149 条），法的観点の指摘もこの方法によって行われる。求釈明を受けても主

張・立証の内容を変更・追加するか否かはなお当事者の自由であるから，求釈明をすることは直ちに弁論主義と矛盾するものではないとされる。

自由心証主義 当事者の一方が主張し他方がこれを争うためその存否を判断する必要がある事実（要証事実）の認定について，裁判所は，証拠調べの結果と弁論の全趣旨に基づき，特定のルールに縛られることなく自分の頭で判断をしなければならない（**自由心証主義**）。その過程を少し分解的にみると，まず文書（書証）や証人（人証）などの物理的に存在する証拠（証拠方法）があり，そこから，裁判官の五官によって，文書の記載内容や証人の供述内容等の情報（証拠資料）が感得される（この過程が証拠調べである）。証拠資料から直接に要証事実が推認できる場合もあれば，証拠資料から推認できる事実（間接事実）がまず推認され，これを他の証拠資料や間接事実と併せて評価することによって，要証事実が推認できるという場合もある。ここで重要なのは，いずれにせよ，証拠資料から事実，または事実から事実の推認作業の積み重ねによって事実認定が行われるということである。そしてこの推認作業は「領収証が残されている場合には，金銭の受領があった可能性が高い」というような経験的法則（**経験則**）の適用であるとみることができる。自由心証主義は，経験則の発見と取捨選択を，裁判官の一般市民としての経験知に基づく判断に委ねる考え方なのである。とはいえ，その判断が合理性を欠くに至れば，経験則違反として違法となる余地もある。また，専門的知識がなければ知りえない経験則に関しては裁判官を信頼することはできず，鑑定等によってその存在を証明したうえでなければ適用してはならないとされる。

| 証明度と証明責任 | 自由心証主義のもとでも，裁判官が要証事実の存在についてどの程度の確信があれば |

これを認定することができ，またしなければならないかについては，一定の基準（**証明度**）があるとされる。具体的な証明度は「通常人が疑いを容れない程度の高度の蓋然性」であるとする立場が伝統的に支持されているが，民事訴訟においてはこれより低く，事実が存在する可能性が存在しない可能性をわずかでも上回ると考える（証拠の優越）場合にはその事実を認定できるとの立場も有力である。

　裁判官は，ある事実に関し，その存在についても不存在についても証明度を上回る確信を得られないという場合も考えられる（真偽不明，ノン・リケット）が，その場合でも裁判を拒否することはできない。真偽不明に陥った場合，裁判官は，その事実をあるものとして判決するか，ないものとして判決するかのいずれかの方法をとるほかなく，どちらによるべきかは適用しようとする法規範の解釈によって定まるものとされる。このことは，当事者の一方が真偽不明にもかかわらず敗訴する（証明度を上回る確信を裁判所にもたらさなければ勝訴できない）負担を引き受けることを意味する。この負担を**証明責任**ないし立証責任と呼ぶ。ただし証明責任は主要事実にのみ観念される。間接事実や補助事実については，それらが真偽不明であっても直ちに法規範の適用に困難をきたすことにはならないからである。

　なお証明と似た概念に**疎明**（民事訴訟法 188 条）がある。疎明は迅速性を要する場面で用いられるもので，即時に取り調べることができる証拠しか取り調べることができないが，裁判官に「一応確からしい」との心証をもたらせば成功となる。走高跳にたとえるなら，証明に比べて助走距離を短くする代わりにバーを下げるものといえ

る。

(5)　裁判外紛争解決（ADR）

| ADR の意義 | 　ところで，私的な権利義務は合意によって処分・変更可能なものであるから，これに関する |

紛争も合意により解決（和解）することができる。和解に至るために第三者の介入が必要となる場合でも，少なくとも当事者双方の合意に基づいている場合には，介入する第三者は必ずしも裁判所（裁判官）でなくともよい。ここに，**裁判（所）外紛争解決**（Alternative Dispute Resolution。**ADR** と略される）のための手続が発達する契機がある。なお ADR を広く捉えれば，判決手続の係属中に裁判所が当事者に和解を勧めること（和解勧試）もこれに含めることができ，実際その存在感は大きい（地方裁判所における民事訴訟の 30％程度は和解により終結している）。

　紛争当事者にとって，ADR には，迅速かつ安価な解決を得られる期待がある。また裁判所（を運営する国家）の視点からみても，ADR の活用によって裁判所の負担（事件数）を軽減することによって，限りある裁判所の人的・物的資源（司法資源ともいう）をより有効に活用できる可能性がある。実際政府は，いわゆる ADR 法の制定などにより，その普及を後押ししている。

| 仲裁と調停 | 　ADR は，大きくは**仲裁**（arbitration）と**調停**（mediation）に分類できる。仲裁は，当事者間 |

の合意（仲裁合意）に基づいて，裁判所以外の第三者（仲裁廷ないし仲裁人）による拘束力ある仲裁判断に紛争を委ねる手続である。一定の要件を満たす仲裁判断には，仲裁法に基づき，確定判決と同

様に執行力が付与される。調停は，介入する第三者に当事者を拘束する判断をする権限がない手続であり，最終的な紛争解決は当事者双方の合意（和解）に委ねられる。ADR の運営主体は官民問わず多様であり，裁判所も，一般的な民事の紛争について民事調停，家族にかかわる紛争について家事調停を行っている。また一部の紛争類型については，訴訟を提起する前に調停を試みなければならないとする調停前置主義が採用されている（民事調停法 24 条の 2 など）。

参考文献

裁判制度全体の入門として，

市川正人 = 酒巻匡 = 山本和彦『現代の裁判〔第 8 版〕』（有斐閣，2022年）

判決手続に関して，

山本和彦『よくわかる民事裁判——平凡吉訴訟日記〔第 4 版〕』（有斐閣，2023 年）

山本弘 = 長谷部由起子 = 松下淳一『民事訴訟法〔第 4 版〕』（有斐閣，2023 年）

三木浩一 = 笠井正俊 = 垣内秀介 = 菱田雄郷『民事訴訟法〔第 4 版〕』（有斐閣，2023 年）

民事執行法・民事保全法について，

上原敏夫 = 長谷部由起子 = 山本和彦『民事執行・保全法〔第 6 版〕』（有斐閣，2020 年）

倒産手続について，

山本和彦『倒産処理法入門〔第 5 版〕』（有斐閣，2018 年）

ADR について，

山本和彦 = 山田文『ADR 仲裁法〔第 2 版〕』（日本評論社，2015 年）

2　民　法

（1）　民法と民法典

　お店やインターネットで買い物をしたり，タクシーに乗車したりといったように，私たちが社会生活を送る際には，そこでの人々の関わり合いからさまざまな法律関係が発生する。このような私人の間の法律関係を規律する法を，**私法**という。私人の生活関係一般を規律する最も基本的な法律が，**民法**である。私法の中には，商法，消費者契約法，借地借家法のように，特定の領域に限定して定められた法律があり，それらを**特別法**と呼び，民法は私法の**一般法**として位置づけられている。なお，同一の事実関係について一般法と特別法の規律が競合する場合には，より狭い適用領域を対象とした特別の規律である特別法の方が優先する（**一般法に対する特別法の優先**→8頁）。

　民法には，財産関係を規律する財産法と家族関係を規律する家族法が含まれる。民法について定める法典としての**民法典**は，総則・物権・債権・親族・相続の5編から成り，前半の3編が財産法，後半の2編が家族法について規律している。第1編の総則編では，それ以降の4編が取り扱う事項について共通して適用される規律が定められており，各編の中も，またその編の中に置かれいている章や節も，それぞれ総則と各則の規律によって構成されている。民法典の規定は，このような総則と各則の入れ子構造によって構成されている（パンデクテン方式と呼ばれる）。以下では，財産法（物権法および債権法）における主要部分のみを取り上げて，概説を行う

こととする。

（2）　物権と債権

　民法典の第2編と第3編がそれぞれ物権編と債権編に割り当て
られているように，私法上の権利は，物権と債権という2種類の
権利に分けて規律されている。**債権**とは，他の人に対して一定の行
為を求めることができる権利である。例えば，ラーメンの出前を注
文した場合には，客はお店に対してラーメンを届けるように求める
債権を有し，お店の側はお客に対して代金の支払を求める債権を有
することになる。それに対し，**物権**とは，物を支配する権利である。
物に関する価値を全面的に支配することを目的とする**所有権**が最も
基本的な物権であり，その他の物権については，①小作料を支払っ
て他人の土地において耕作をする場合のように，一定の利用目的の
もとで土地を使用・収益することを目的とする**用益物権**（地上権，
永小作権，地役権，入会権），②債権の担保のために物が質入れされ
る（債務が履行されない場合には，その質物から優先的に債権が回収
される）場合のように，物の交換価値の支配を目的とする**担保物権**
（留置権，先取特権，質権，抵当権）に分類されている。なお，物の
事実上の支配（占有）それ自体を保護することを目的とした，**占有
権**という物権もある。

　物権と債権の最も大きな違いは，物権は誰に対してでも権利主張
が可能であるのに対し（**絶対性**），債権は特定の権利者（債権者）と
特定の義務者（債務者）との関係のみで機能する権利であるに過ぎ
ない（**相対性**），という点である。物権の絶対性からは，「ある物に
ついて誰がどのような物権を有しているのかは，誰の目から見ても
明らかとなっていなければならない」という，物権に関する**公示**の

要請が導かれる（→58頁）。例えば，不動産（土地または建物）に関しては**登記**という方法によって公示が行われている。この公示の要請は，「物権の種類および内容は，法律によってあらかじめ定められていなければならない」という**物権法定主義**と密接に関連している。もし仮に当事者が自由に創設した○○権なる物権が登記によって公示されていたとしても，その○○権の具体的内容までは公示からは知りえない以上（その権利の内容を知りうるようにするためには，膨大な社会的コストが必要となる），公示の要請に応えるものとはなりえないからである。ただし，法律上の定めにかかわらず，慣習法上の物権として認められているものも存在する（温泉専用権や譲渡担保権など）。なお，物権法定主義は，封建的な社会制度のもとでは所有権を制約するさまざまな封建的・中間的な権利が存在していたことを踏まえ，所有権以外の物権を必要最小限度にとどめるという歴史的な意義とも関連している。

（3）　債権①：基本原則としての契約自由

絶対性が認められる物権とは異なり，債権に関しては，その権利の内容を当事者間で合意によって自由に定めることができる。合意を通じて私法上の権利関係を任意に設定することは，社会的な生活を営むうえでの極めて基本的な自由に属する。すなわち，「私的な領域における事柄に関しては，国家からの干渉を受けることなく，個々人がその自由な意思に基づいて決定することができる」という原則は**私的自治の原則**と呼ばれ，民法上の基本原理の一つとして位置づけられている。したがって，債権の発生原因として，**契約，事務管理，不当利得，不法行為**（→138頁）の4種類が民法典上定められているところ，それらの中では，合意に基づいて成立する債

権関係である契約が——契約は，**申込み**と**承諾**の意思表示が合致することによって成立する（522条1項）——，最も重要な社会的役割を担っている。なお，契約以外の3つは，いずれも合意によってではなく法律の規定に基づいて発生するものであるため，**法定債権関係**と呼ばれている。

　私的自治の原則を契約の場面において具体化したものが，**契約自由の原則**である。契約自由の原則の具体的内容としては，民法典上，①契約をするかどうかを決定することに関する自由（契約締結の自由；民法521条1項），②契約の内容を決定することに関する自由（内容決定の自由；521条2項），③書面の作成等の方式の具備を要せずして契約を締結することができる自由（方式の自由；522条2項）について，明文の規定が置かれている。もっとも，契約内容の決定の自由は，法令の制限内において認められるに過ぎず，締結された契約の内容が，当事者がそれと異なる定めをすることを許さない規定（**強行規定**）に反する場合や，賭博や人身売買に関する契約のように，公の秩序または善良の風俗（**公序良俗**）に反する場合には，契約は無効となる（90条）。また，方式の自由に関しても，法律上の特別の規定により，一定の方式の具備が契約の成立要件とされている場合がある（保証契約〔446条2項〕など）。

（4）　債権②：契約を支える法制度の諸相

契約内容の形成に
関する枠付けと支援：
典型契約制度

契約自由の原則により，当事者は契約の内容を自由に定めることができる一方，民法典上，13種類の主要な契約類型——贈与，売買，交換，消費貸借，使用貸借，賃貸借，雇用，請負，委任，寄託，組合，終身定期金，

和解——につき，それぞれの類型に応じた規定が置かれている。これらは，**典型契約**と呼ばれる。民法典において典型契約が定められている意義については，①契約を締結しようとする当事者は，白紙の状態から契約内容を作り上げるのではなく，典型契約類型を前提とした契約内容の形成が可能となること（創造補助機能），②裁判官による契約規範の解釈・補充等に際しても，典型契約類型の存在によってその作業の構造化と情報処理の効率化が促進されること（分析基準機能），などが挙げられている。なお，フランチャイズ契約やリース契約のように，典型契約には当てはまらないような契約（**非典型契約**）についても，契約自由の原則に従って，合意されたとおりの効力が認められる。

　典型契約について定めている民法上の規定（**典型契約規定**）の具体例としては，例えば売買につき，引き渡された目的物の品質が契約の内容に適合しないとき（売買目的物たる土地の土壌が有害物質によって汚染されていた場合など）は，買主には追完請求権・代金減額請求権・損害賠償請求権・解除権といった救済手段が与えられる旨定められている（562条以下）。もっとも，以上の規定をはじめとして典型契約規定のほとんどは**任意規定**であり，当事者がそれと異なる合意をした場合には合意による定めが優先することになる（91条）。ただし，典型契約規定の中には，強行規定とされる規定（やむを得ない事由がある場合における組合員の任意脱退に関する678条など）も含まれているほか，方式（書面要件など）を含め各典型契約の成立要件に関する規定——各類型の冒頭に置かれているため，**典型契約冒頭規定**と呼ばれる——も，合意による変更や排除が許されない規定と解されている。

| 各典型契約類型の概要 | 各典型契約類型の特徴につき，以下，冒頭規定の内容を中心に概観しておく。 |

まず，①**贈与**は，ある財産を無償で与える旨の合意がなされることによって成立するが（民法 549 条），書面によらない贈与については各当事者が解除することができ（550 条本文），書面によらない贈与の拘束力が緩和されている。②**売買**は，財産権の移転と代金の支払に関する合意によって成立する契約であり（555 条），これが相互的な対価を伴う有償契約に関する標準的な類型となる。そのため，売買に関する規定は，（その契約の性質が許さない場合を除き）他の有償契約に準用される（559 条）。特に，**交換**については，冒頭規定（586 条）が定められているのみで，その規律については売買の規定の全面的な準用に委ねられている。

　③**消費貸借**は，金銭を借りて返す場合のように，借り受けた物と同種・同等・同量の物を返還する契約であり，目的物を受け取ることによって成立するという形態（要物契約としての消費貸借；587 条）と，目的物の引渡しを要せずに合意により消費貸借を成立させることを書面により約する形態（書面でする諾成的消費貸借；587 条の 2）がある。④**賃貸借**は，当事者の一方がある物を使用収益させることを約し，他方がそれに対し賃料を支払うことおよび引渡しを受けた物を契約終了時に返還することを約することによって成立する（601 条）。⑤賃料の支払を約さずに無償で貸与がなされる場合には，**使用貸借**となる（593 条）。

　⑥**雇用**は，労働に従事することとそれに対する報酬の支払に関する合意によって成立する契約であるが（623 条），労働契約に関する主要な民事ルールについては，労働契約法において規定されている。⑦**請負**は，仕事の完成とその仕事の結果に対する報酬の支払に

関する合意によって成立し（632条），仕事の完成という結果を実現する義務（**結果債務**）が契約内容となっている点に特徴がある。⑧それに対し，**委任**は，法律行為をすることに関する委託の合意によって成立し（643条），善良な管理者の注意をもって委任事務を処理する義務（善管注意義務）は負うものの，結果の実現についての義務は負わない（**手段債務**）。なお，法律行為ではなく事実行為が委託された場合には**準委任**となるが（656条），委任に関する規定が全面的に準用されるため，法的取扱いとしては両者に実質的な差異はない。⑨**寄託**は，目的物の保管に関する合意によって成立する委任の特別類型であり，委任に関する規定の多くが準用される（657条・665条）。寄託物を消費することができる**消費寄託**に関しても，寄託の規定が原則的に適用され，目的物の処分権が移転することに伴う規定——貸主の引渡義務および借主の価額償還に関する規律（590条・592条）——に限り，消費貸借の規定が準用される（666条）。

　⑩**組合**は，2人以上の者が出資をして共同の事業を営むことに関する合意によって成立する（667条）。組合は団体を創設する契約であるが，**法人**（→143頁）とは異なり団体に法人格が与えられるものではないため，組合財産は各組合員の共有（合有）となり（668条），組合の債務については，組合財産が引き当てとされるだけでなく，各組合員もその責任を負うことになる（675条）。

合意の真意性を
確保するための制度：
意思表示

契約のように，**意思表示**を通じて権利変動（権利の発生・移転・消滅）を生ぜしめる行為のことを**法律行為**と呼び，民法上，この法律行為に関する規律の

一環として，法律行為の構成要素としての意思表示の十全さを確保するための規定が置かれている。すなわち，①真意でないことを表意者自身が知りながら意思表示をした場合（**心裡留保**；93 条），②相手方と通謀して真意でない意思表示をした場合（**通謀虚偽表示**；94 条），③表意者が行った意思表示と真意の間に不一致があったことを表意者自身が知らなかった場合（**錯誤**；95 条），④相手方から騙されたり脅されたりして意思表示がなされた場合（**詐欺・強迫**；96 条）には，意思表示は無効または取り消しうるものとなる。これらの規定は，意思表示のプロセスにおける異常な状況を抑止することにより，私的自治・自己決定の前提を確保するという機能を担っている。

自分に代わって法律行為を行ってもらうための制度：代理

認知症を発症して合理的な判断を行うことが難しい高齢者に関してなど，社会生活を送るうえで必要となる財産管理を第三者に委ねることが望ましい場合がある。また，合理的な意思決定を行うことについて問題がないときであっても，例えば，海外に住んでいるために不動産の売却の手続を自ら行うことが困難である場合や，プロスポーツ選手がより有利な条件・相手方との契約を実現するために知識や経験の豊かな者に意思決定を委ねるのが望ましい場合など，その人に代わって別の人に取引を行ってもらうことが合理的なケースがありうる。このような場面において自己決定・私的自治を支援または拡充するための制度が，**代理**である（民法 99 条以下）。代理を用いると，法律または契約によって代理権を与えられた者（代理人）が，本人のためにすることを示して（顕名）意思表示を行ったり受けたりした場合につき，そ

れによって生じる法律行為の効果が（代理人にではなく）本人に直接に帰属すること（**他人効**）が認められる。代理には，未成年者にとっての親権者など，法律上代理権が与えられている場合（**法定代理**）と，本人の意思に基づいて他の者に代理権が与えられている場合（**任意代理**）とがある。

> 契約が履行されない
> 場合における救済手段

契約などによって債権が生じるとき，その相手方は，債権者に対して一定の行為をしなければならない拘束を受けることになる。これを**債務**と呼び，債権とは対の関係に立つ概念である。債務を負っている者（債務者）が債務を履行（弁済）した場合には，その債権は消滅する（民法473条）。他方，債務者が債務を任意に履行しない場合には，債権者にはいくつかの救済手段が与えられることになる。

まず，債権者は，債務者に対して，債務の履行を請求することができる（**履行請求権**）。ただし，契約の内容や社会通念に照らして債務の履行が不可能であると評価される場合には，債権者は債務の履行を請求することができない（**履行不能**；412条の2第1項）。また，債権者は，履行請求権を国家による強制力をもって（強制執行〔→ 30 頁〕の手続を通じて）実現することができる（**強制履行**；414条1項）。強制履行の方法に関しては，①債権の目的物を執行官が差し押さえて債権者に引き渡す場合のように，執行機関が直接に債権の満足を図る方法（**直接強制**），②債務者の代わりに解体業者に建物の取り壊しを行わせて土地の明渡しを受ける場合のように，債務者以外の者から債権の満足を得たうえで，これに要した費用を債務者から回収する方法（**代替執行**），③債務の履行を完了するま

で債務者は 1 日につき 1 万円を支払わなければならないとする場合のように，債務が履行されるまで一定額の金銭を強制的に債務者から債権者に支払わせる方法（**間接強制**）が，民事執行法によって定められている。

　また，債務者の責めに帰すべき事由（**帰責事由**）によって債務の履行がなされない場合には，債権者は債務者に対して**損害賠償**を請求することができる（415 条 1 項）。契約上の債務の不履行における帰責事由の有無は，当該契約の内容・趣旨に照らして履行のためにどこまでの努力を債務者が引き受けていたと認められるか，といった観点から，当事者が締結した契約に即して具体的に判断されることになる。また，**損害賠償の範囲**については，その債務の不履行によって通常生ずべき損害（**通常損害**）と，当事者が予見しまたは予見すべきであった特別の事情に基づく損害（**特別損害**）が，賠償されるべき損害となる（416 条）。

　さらに，履行に障害が生じた契約から離脱するため，債権者には，債務不履行を理由とする解除権が認められ，その解除権を行使する一方的意思表示によって，契約を**解除**することができる（540 条以下）。解除制度は（損害賠償とは異なり）債務者の過ちを問うものではなく，履行に障害が生じた契約から離脱する選択肢を与えるものであるため，債務者の帰責事由は解除権発生の要件とはされていない。ただし，債務の不履行が債権者の帰責事由によって生じた場合には，債権者はその債務不履行を理由として契約を解除することはできない（543 条）。解除権を行使する要件としては，①原則として，債務者に履行の最後の機会を保障するために，相当期間を定めて履行の催告をし，かつ相当期間経過後においてその債務不履行が軽微なものではないと評価されることが求められるが（**催告解除**；

541条），②債務の履行の全部が不能となるなど，債務不履行により契約目的の達成が不可能となった場合には，催告を経ることなく直ちに契約を解除することができる（**無催告解除**；542条1項）。

（5）　債権③：債権の消滅時効

債権は，債務者が弁済したり債権者が債務を免除したりすることによって消滅する一方，時が経過しただけでも，その行使が妨げられる場合がある。すなわち，債権に関する**消滅時効**――権利の消滅を基礎づける事実（弁済など）の立証に関し，時の経過に伴う証拠の散逸等による立証上の困難性を緩和するなどの観点を基礎として，一定期間権利が行使されない場合にその権利を失わしめる制度――が，これに関係する。債権以外の財産権（地上権，永小作権，地役権など）も消滅時効にかかるが（なお，所有権は，消滅時効にかからない），ここでは，債権に関する消滅時効を念頭に置いて説明を行う。

消滅時効に関する
時効期間と起算点

債権の消滅時効に関しては，まず，いつの時点からどの程度の期間にわたって権利が行使されなかった場合に消滅時効にかかるのか（時効期間および起算点）に関する原則的なルールとして，二重の消滅時効期間の定めが置かれている。すなわち，客観的起算点（権利を行使することができる時）から10年，または主観的起算点（権利を行使することができることを知った時）から5年，という二重の期間のうちのいずれかが満了した時点で債権は時効により消滅する（民法166条1項）。この点，契約に基づいて生じる債権については，権利発生時にその権利行使の可能性を認識しているのが通

常であるため，以上の主観的起算点は客観的起算点と基本的に一致
し，原則としてその時点（権利行使可能時）から 5 年で消滅時効に
かかることになる。

　このような債権の消滅時効期間に関する一般的規律に対し，不法
行為による損害賠償請求権に関しては，被害者またはその法定代理
人が損害および加害者を知った時から 3 年，または不法行為の時
から 20 年で消滅時効にかかるとの特別規定が置かれている（724
条）。また，重要な法益である生命・身体に対する侵害に関しては
より長期の権利行使期間を保障するため，生命・身体に対する侵害
による損害賠償請求権の消滅時効については，それが債務不履行と
不法行為のいずれに基づくものであっても，客観的起算点から 20
年または主観的起算点から 5 年で消滅時効にかかる（167 条・
724 条の 2）。その他，債権以外の財産権については，権利を行使
することができる時から 20 年で時効によって消滅する。

|　時効の効果発生の
　メカニズム | 消滅時効の効果に関しては，時効期間が満
了した瞬間に権利の消滅という効果が法律
上当然にもたらされるわけではない。これ |

らの点に関するルールについては，民法 144 条以下において，消
滅時効と取得時効（→ 61 頁）に共通する総則的規定として定めら
れている。すなわち，①時効の効果は起算日にさかのぼること
（144 条），②当事者が時効を**援用**しなければ，時効の効果が生じ
ないこと（145 条），③時効完成前に時効の利益を放棄することは
できないこと（146 条），といった規定である。

　このように，当事者が時効完成後に時効の利益を放棄したり，時
効の利益を享受する意思の表示（援用）をしなかったりした場合に

は，時効の効果は生じない。時効の利益を享受せずに相手方の主張する権利関係をそのまま認めようとする当事者の意思を尊重することが，その趣旨である。なお，時効の援用権者たる「当事者」の意義に関しては，民法 145 条において，消滅時効の場合に関する特別規定として「消滅時効にあっては，保証人，物上保証人，第三取得者その他権利の消滅について正当な利益を有する者を含む」との括弧書きが追記され，消滅時効の援用権者に関する基準と具体例が条文上明示されている。

| 時効障害：時効の
完成猶予と更新 | 債権の消滅時効の完成前に，債権者が債務者に対して訴えを提起し，判決により債権の存在が確定された場合などにおいては， |

もはや債権不行使の事実状態が継続しているとはいえず，消滅時効はその基礎を失うことになる。このように，時効の完成を妨げる一定の行為があった場合につき，時効の**完成猶予**や時効期間の**更新**が認められている（民法 147 条以下）。なお，完成猶予および更新の制度についても，消滅時効と取得時効に共通の規律として定められている。

　時効の完成猶予とは，時効完成前に権利者による権利行使の意思が明確となった場合（裁判上の請求がなされた場合など）につき，時効の完成が一定期間猶予される制度である。猶予期間が満了したときは，満了した時点から，猶予期間開始前の時効期間が再進行する。それに対し，確定判決などによって権利の存在が終局的に確定された場合については，時効の更新が認められる。更新事由が生じた場合，時効の進行がリセットされ，その時点から新たな時効期間が（ゼロから）再起算される。

（6）　物権変動をめぐる法的規律

　債権の発生原因のうち社会において中心的な役割を果たすのは契約であるが，物権をめぐる法律関係の変動——物権の取得・変更・喪失をもたらす**物権変動**——に関しても，契約に基づく物権変動が重要な役割を担っている。なお，契約以外の原因によって物権変動が生じる場合としては，相続や取得時効などがある。

物権変動に関する意思主義と対抗要件主義

　契約に基づく物権変動は，当事者の意思表示のみによってその効力を生じる（物権変動に関する**意思主義**；民法 176条）。ただし，契約成立のための意思表示とは別個に物権変動のための意思表示が必要となるわけではなく，物権変動に関する「意思表示」は，契約に関する合意において一体的に表示されているものと解されている。また，物権変動が生じる時期については，原則として物権変動の原因となる契約の成立時となるが，当事者がそれとは異なる時点を合意によって定めることも認められている（最判昭和 35 年 3 月 22 日民集 14 巻 4 号 501 頁）。

　もっとも，当事者の意思表示によって生じた物権変動が，物権の絶対性に基づいて誰に対してでも当然に主張されることを認めると，その物権変動を知らない第三者が不測の不利益を被るおそれがある。例えば，A から B に不動産が売り渡された後に，A がさらに C にもその不動産を売り渡した場合（いわゆる二重譲渡のケース）において，もし，AB 間での所有権移転について C としては何ら知る由もないにもかかわらず，先に譲渡を受けた B から自分が所有者であると主張されて C の所有権取得が無条件に否定されるならば，

Cは予想外の不利益を被ることになる。そのため，物権変動の意思主義に対する制約原理として，民法177条・178条において，物権変動は公示方法たる**対抗要件**を備えない限り第三者には対抗できないとの規定が置かれている（**対抗要件主義**）。不動産については登記，動産については引渡しが物権変動の対抗要件となる。したがって，先のケースでは，Aから不動産の所有権を取得したBは，対抗要件としての登記を備えない限り，Cに対して自らの所有権取得を対抗することができない。

| 不動産物権変動と
民法177条 | 不動産物権変動に関する民法177条の解釈をめぐっては，①対抗要件としての登記が必要となるのは，いかなる物権変動について |

いてであるのか，②登記なくして対抗できない「第三者」とは，いかなる者を意味するのか，という2点が問題となる。この点につき，判例は，①に関しては，相続や取得時効などを含めたあらゆる物権変動に関して登記による公示が必要となるとし，②に関しては，「登記欠缺を主張する正当の利益を有する者」のみが177条にいう「第三者」に該当し，それ以外の者との関係では登記なくして物権変動を対抗できるとしている（大連判明治41年12月15日民録14輯1276頁）。

　さらに，この後者の点，すなわち正当な利益を有する第三者とされるための要件については，まず客観的要件として，両立しえない物権相互間で優劣を争う関係（**対抗関係**）に立つ者であることが必要とされる。すなわち，二重譲渡の譲受人などはこの客観的要件を満たすのに対し，権原なしに不動産を不法に占拠している無権利者などはこの要件を満たさないことになる。次に，主観的要件として，

先行する物権変動について知っている（悪意である）だけでは 177 条の「第三者」からは除外されないが，登記の欠缺を主張することが信義に反すると認められるような背信的悪意者は，177 条の「第三者」に該当しないとされている（最判昭和 43 年 8 月 2 日民集 22 巻 8 号 1571 頁ほか）。背信的悪意者に該当するか否かは，個々の事案における反信義則性の有無の判断に委ねられるが，他人の利益を害する意図や不当な利益を得る意図をもって物権が取得された場合などにおいては，背信的悪意者に該当するものと判断されうる。

> *Column*②善意と悪意　法律用語における善意・悪意とは，日常用語における意味内容とは異なり，ある事情を知らないことを善意といい，知っていることを悪意という。ただし，例外的に，他人に対する加害の意図を意味するものとして悪意の語が用いられる場合もある（裁判上の離婚事由として，配偶者からの「悪意」の遺棄について定める民法 770 条 1 項 2 号など）。

| 動産物権変動と
即時取得 | 動産に関する物権変動についても，物権変動を第三者に対抗するためには，不動産の場合と同様，公示の要請に従った対抗要件の具備 |

が必要となる。動産物権変動に関する対抗要件は，動産の**引渡し**（占有の移転）である（民法 178 条）。引渡しの方法は，**現実の引渡し**（182 条 1 項）のほか，現在の所持の状態に変更を及ぼさずに占有の移転を行う観念的な引渡しも認められている。すなわち，①譲受人がすでに目的物を所持している場合に，譲受人が以後は自己のために目的物を占有する旨合意する方法（**簡易の引渡し**；182 条 2 項），②譲渡人が代理人を通じて目的物を占有している場合に，

以後は譲受人のために目的物を占有することを代理人に命じ，それを譲受人が承諾するという方法（**指図による占有移転**；184条)，③譲渡人が以後は譲受人のために占有する旨合意をすることにより，代理占有としてその占有を継続しつつ譲受人に占有を移転する方法（**占有改定**；183条)，といった方法がある。

もっとも，動産の引渡しによって公示が行われるとしても，観念的な引渡しが認められているために，動産を現に所持することなく引渡しを受けていることがあり，引渡しの公示性は必ずしも十分なものではない。そこで，民法は，無権利で動産を所持する者を権利者であると信頼して引渡しを受けた者を保護するため，**即時取得**の制度を設けている（192条)。すなわち，取引行為により，相手方が権利者であると信じたことにつき善意無過失でかつ平穏・公然に無権利者から占有を取得した場合には，無権利者からの取得であるにもかかわらず，その動産に関する物権を取得することができる。なお，即時取得の対象となる物権については，取引行為による占有取得が要件となっているため，所有権か質権に限られる。

| 時効による物権の
取得：取得時効 | 物権の取得方法には，売買によって所有権を取得する場合のように，前主の権利を承継することによって物権を取得する場合 |

（**承継取得**）と，前主の権利とは無関係にその物に関する最初の権利者として物権を取得する場合（**原始取得**）がある。原始取得が認められる主な場面としては，前述の即時取得のほか，**取得時効，無主物先占・遺失物拾得・埋蔵物発見・添付**（民法239条以下）などが挙げられる。

取得時効とは，ある物権の行使にかかる占有が一定期間継続して

いる場合にその物権の取得を認める制度である。所有の意思をもって，平穏かつ公然に 20 年間（占有者が善意無過失であるときは 10 年間）その物の占有を継続することが，取得時効の要件となる（民法 162 条）。

　取得時効制度の存在意義に関しては，例えば，ある土地が A から B，B から C へと譲渡され，C が長期間にわたって継続して使用していたにもかかわらず，AB 間の売買は不成立だったと A が主張して C に対して土地の返還を請求した，というケースについて考えてみよう。この場合，C は AB 間の売買の成立を立証しない限り，自己の所有権を根拠づけることができないが，それが遠い過去の事柄であった場合には，その立証は極めて困難とならざるをえない。そのような立証上の困難性を緩和し，長期間にわたって安定して継続している占有状態に法的保護を与えることにより，占有に対し切り札としての保護を与えるための制度が，取得時効である（取得時効制度のもとでは，C は時効取得に必要な一定期間占有を継続してさえいれば，それ以前の権利関係の実情にかかわらず，自己の物権取得を基礎づけることができる）。なお，取得時効の援用や障害事由などに関する規律は，消滅時効と共通の総則的規定として定められている（→ 56 頁）。

参考文献

民法全般についての入門書として，

潮見佳男『民法（全）〔第 3 版〕』（有斐閣，2022 年）

道垣内弘人『リーガルベイシス民法入門〔第 4 版〕』（日本経済新聞出版社，2022 年）

野村豊弘『民事法入門〔第 8 版補訂版〕』（有斐閣，2022 年）

3 犯罪と法

（1） 刑 事 法

刑事法の意義 ┃ 刑事法とは，犯罪と刑罰に関する法の総体であり，刑法，刑事訴訟法，犯罪者処遇法の総称である。

刑法（刑事実体法）は，どのような行為が犯罪とされ，それに対してどのような刑罰が科されるかを定める法である。**刑事訴訟法**（刑事手続法）は刑法を実現するための手続（刑事手続）を規律する法である。そして，**犯罪者処遇法**は刑の執行その他刑法に触れる行為をした人を処遇する過程を扱う法である（重要な領域として少年法を含む）。刑事法をその運用面に着目して議論するときには，「刑事司法」という表現を用いることもある。

憲法と刑事法 ┃ 刑罰は，個人が生きていく基礎となる利益である生命・自由・財産を国家が強制的に奪う，極めて厳しい制裁である。また，そのような制裁は忌避されて当然であるから，その実現に関係者が協力するとは限らない。そこで，国家機関には，刑法を実現する過程でも，逮捕・勾留，捜索・差押えなど，個人の重要な権利を侵害する強力な手段を行使することが認められている。

このように，刑事法は，国家と個人の利害が尖鋭に対立し，個人が国家権力の直截な行使に直接向き合う法領域である。憲法が基本的人権の保障にかかわる条文のうちの実に3分の1（31条から40

条まで）を割いて刑事手続上の人権を保障するのは，このような刑事法の苛烈な性格を反映したものにほかならない。

（2）　刑　法

刑法の目的と機能

①刑法の存在意義と機能　刑法は，**法益**（法的保護に値する利益）を保護することをその目的とする（**法益保護主義**）。法益は，個人の生命・財産・自由等の**個人的法益**，公衆衛生や公正な取引秩序等の**社会的法益**，国家の存立や公務の適正さ等の**国家的法益**に三分されるが，刑法は，これらの法益を侵害する行為を禁止したうえで，その禁止に違反する行為を犯罪として処罰する。

　もっとも，殺人犯を処罰したところで被害者が生き返って戻ってくるわけではないことを考えれば明らかなように，刑法の法益保護目的は，法益侵害が生じた後に行為者を処罰することを通じて，将来同様の行為に出るかもしれない潜在的可能性をもつ人々に対して働きかけるという，迂遠で間接的な方法でしか実現されない。

　それに比べれば，国家が人々の行動を絶えず監視し法益侵害の兆候が探知された時点で直ちにそれを阻止するという方法をとれば，より効果的かつ確実に法益侵害を防止できるので望ましい，と思う人がいるかもしれない。しかし，それには，我々の自由の大幅な制限という代償が伴う。刑罰という――見方によっては甚だ野蛮な――制度が歴史の試練を経てなお維持されている背景には，人々の自由をできる限り確保するという考慮がはたらいているのである。

　②刑法と道徳・倫理　国家が刑罰を使って特定の価値観を国民に押しつけることは，個人の尊重（憲法 13 条）の要請と相容れない。したがって，道徳や倫理の保護は刑法の目的ではない。殺人や

窃盗は犯罪であると同時に道徳や倫理にも反する行為であるが，それは刑罰の対象と道徳・倫理による禁止の対象とがたまたま重なっているだけであって（**自然犯・道徳犯**），人を殺してはならない，他人の物を盗んではいけないという道徳を保護しているのではない。それどころか，道徳・倫理に反するとまではいえない行為が犯罪とされる例は多い（**法定犯・行政犯**。各種の届出義務の違反など）。

　③刑法の謙抑性・補充性・断片性　　民事法や行政法，さらに道徳・倫理やマナーも法益保護の機能を果たしている。それらの他の手段と比べると刑罰の効果は強烈である。強い効能を発揮する医薬品が時として強い副作用を伴うのと同様に，刑罰はその強力さゆえに弊害も大きい。また，頻繁に用いられると刑罰の感銘力も失われる。刑罰は用いずに済ませることができればそれに越したことはない。

　そこで，刑罰は，他に有効・適切な手段がない場合に（補充性），必要最小限の範囲で（謙抑性），特に保護に値する法益に対する特に違法な態様の侵害だけを対象に用いるべきである（断片性）。

　実際にも，軽微な交通違反（青切符の事案。年間約 574 万件）は道路交通法上の犯罪でありながら，そのほとんどは行政罰としての**反則金**の納付で処理が完了し刑罰は科されない。また，軽微な窃盗や暴行・傷害等は，警察での訓戒等で対処され，検察官に送致されない（**微罪処分**。年間約 6 万件）。検察官に送致された事件であっても，その多くは起訴猶予とされる（→ 85 頁）。このように，当初，犯罪として認知された事案について，手続の途中で刑事司法から離脱させて刑罰以外の方法で対処することを**ダイバージョン**と呼ぶ。

応報刑と目的刑 ｜ 刑罰の本質については，応報刑論（旧派）と目的刑論（新派）という 2 つの考え方がある。

①応報刑論 「目には目を，歯には歯を」という一節が広く知られるハンムラビ法典（紀元前 18 世紀）に見られるように，「応報」という発想は，古来，存在する。もっとも，近代的な応報刑論は，啓蒙思想のもとで 18 世紀半ばに生成した。それによれば，人は，理性的な存在として，自由意思に基づき自らの行動を律することができる。したがって，犯罪事実を認識しそれが許されないものであるとわかったならば，行為を思いとどまり，罪を犯さないで済ませることができたはずである（他行為可能性）。それにもかかわらず，自らの自由な意思決定に基づき犯罪行為に出てしまったところに，その人を非難しその行為に対する報いとして刑罰を科する根拠がある（このように主張する学派を「旧派」「古典学派」という）。

②目的刑論 これに対して，進化論（ダーウィニズム）が欧米社会を席巻し，「原因→結果」という自然科学の枠組みで世の中の事象はすべて説明できるという思考が強くなった 19 世紀末から 20 世紀初頭にかけて，実証主義的方法により犯罪対策を立てようとする論者が現れた（「新派」「近代学派」）。彼らは，工業化による人口の流動化や貧富の格差の拡大に伴う犯罪の増加や，何度処罰されても犯罪を繰り返してしまう累犯者の増加という事態を受けて，自由意思・他行為可能性の存在を否定し，犯罪は行為者の性格・素質と環境を原因として生じる必然的現象であると考えた。そうすると，刑罰は，特定の犯罪をきっかけとして認識されるに至った行為者の社会的危険性を除去し改善更生させることで社会を防衛するための手段と捉え直されることになる（目的刑論）。つまり，刑罰は，行為に対する報いではなく，行為者の更生・社会復帰という目的に資する善である。

　新派は，執行猶予や仮釈放の導入，行刑の人道化・科学化という功績を残した。しかし，行為者の危険性の科学的予測は実際には困難であるうえ，刑罰を善とする発想は，国家刑罰権の厳格な規制の必要性を失わせ，実際にも，刑罰権の過剰な行使を正当化する傾向にあった。新派は遂に支配的見解になることはなく，現在の刑法学は旧派の発想を基礎にしており，裁判実務における刑法の運用も応報刑論を前提とする**行為責任主義**に拠っている。

　③相対的応報刑論　　ただし，刑法は法益保護を目的とするというのが一般的な理解である。したがって，現在の刑法理論が旧派の思考に依拠しているといっても，そこにいう応報はそれ自体が目的であるわけではない。罪を犯した者に応報としての刑罰を科せば，それを見た一般人は犯罪を避けるだろうし（**一般予防**），処罰された行為者自身も再び罪を犯すことがなくなるだろう（**特別予防**）。このようにして法益保護目的が達成されるからこそ応報としての処罰が正当化される，したがって，犯罪予防目的の追求は応報の限度でのみ行うべきだ，というのが現在の共通了解である。

刑罰の種類と内容

　刑罰は，死刑，懲役，禁錮，罰金，拘留，科料の6種であり，付加刑（他の刑に付随して科する刑罰）として没収を認めている（他に，没収不能の場合の代替処分として追徴，罰金・科料不納付の場合の換刑処分として労役場留置がある）。

　①死刑　　刑事施設（拘置所）の刑場において絞首の方法で執行する。死刑の適用に際しては極めて慎重な態度がとられている。法定刑として死刑を定める犯罪は18個あるものの，実際に死刑の言渡しがされる罪は殺人・強盗殺人のうちの特に悪質なものに限られ，

その実数は，平均すれば，年間数件にとどまる。

　最高裁判所は，ごく初期に，死刑は憲法が「絶対に」禁止する「残虐な刑罰」には当たらず（火刑・磔刑・晒し首・釜ゆでならば「残虐な刑罰」に当たるという），その存廃は立法政策の問題だとし，今もこの考え方が維持されている。しかし，今や死刑廃止が世界的な潮流であり，（国連の死刑廃止条約には 128 か国が署名・加入している），わが国でも，国家が人の生命を奪うこと自体への疑問，その犯罪防止効果に対する疑念，誤判の場合の救済不能等を理由とする死刑廃止論が有力である。

　②自由刑　　懲役・禁錮は，自由の剥奪を内容とする刑であり刑事施設（刑務所）に収容する（無期または有期であるが，有期の懲役は，加重軽減する場合を除き，1 月以上 20 年以下）。

　懲役と禁錮の違いは，**刑務作業**を課されるか否かにある。刑法の建前では，刑務作業は刑罰＝苦痛であるが，行刑の実務では，規律を教え，就業意欲を喚起し，職業訓練を兼ねた，受刑者の改善更生のための処遇の一方法として運用されている（懲役と禁錮を統一して「拘禁刑」とする法改正が近いうちに行われる見込みである）。

　なお，**拘留**は軽微な罪に対して科される自由刑であり，1 日以上 30 日未満，刑事施設に拘置する。適用例は少ない。

　③財産刑　　**罰金・科料**であり，両者は金額によって区別される。罰金は 1 万円以上であり，特別刑法（→ 72 頁）では上限が数千万円〜数億円に設定されることもある。科料は 1000 円以上 1 万円未満であり，軽微な犯罪について科される。

　④執行猶予　　被告人を 3 年以下の自由刑（または 50 万円以下の罰金）に処する場合，情状により，その全部の執行を 1 年以上 5 年以下の期間，猶予することができる（**全部執行猶予**）。猶予期間

を無事に過ごせば服役せずに済むという動機づけを用いて自力更生の機会を与えるものであって，実務では，自由刑を言い渡される者の6割以上が全部執行猶予とされる。

さらに，初めて服役する者や薬物使用の罪を犯した者などについては，3年以下の自由刑の一部を執行し，残部の執行を猶予することもできる（**一部執行猶予**）。刑務所で再犯防止・改善のための指導・教育をしたうえで，残りの期間を自力更生に充てるのである。

全部執行猶予・一部執行猶予の対象者は，猶予の期間中，**保護観察**に付することができる。薬物事犯について一部執行猶予に付する場合は保護観察が必要的であり，医師や支援団体による薬物依存離脱指導を受けることが遵守事項とされる。

⑤仮釈放　　自由刑の実刑に処された者は，改悛の状（かいしゅん）（悔い改めているという受刑者の内面の心情だけでなく，再犯に及ぶことなく社会人としての自立生活が可能だと認められる客観的な状況）があるときは，有期刑については刑期の3分の1，無期刑については10年服役した後，行政官庁（地方更生保護委員会）の処分により仮に釈放することができる。仮釈放後は必ず保護観察に付される。ただし，無期刑に処された者の仮釈放は，現在では30年程度服役しないと認められないうえ，服役中に亡くなる者も少なくないのが実態であり，無期刑は事実上終身刑化しつつある。

⑥量刑の実情　　わが国の刑法典は，明治時代の末（1907年）に新派（→66頁）の影響を受けて制定されたことから，犯罪の類型が諸外国に比して少なく，そのために法定刑の幅が広い。裁判所は，所定の手順――加重減軽の仕方，複数の罪について一括して刑を決める場合の順序や計算方法の定めがある――に従いつつ，この広い幅の中から，犯人の年齢・性格，経歴・環境，犯罪の動機・方

法・結果やその社会的影響，犯罪後における犯人の態度その他の事
情を考慮して適切な刑の種類と量を選択する（この作業を量刑とい
う）。ただし，実際には，職業裁判官が共有する「**量刑相場**」に従
い，若干の地域差を伴いつつも，全国的にほぼ統一的な量刑が実現
されてきた（裁判員裁判における量刑については→ 94 頁）。

　自由刑の実刑の刑期は，法定刑の広い幅のうちの下方に偏る傾向
が顕著である。このことは，起訴猶予権限の積極的行使（→ 85 頁）
や執行猶予の多用とともに，わが国の刑事司法が，犯罪者に対して
概して寛大であることを示す。それは，一面では，犯罪率が低く治
安が良好であるために刑罰の謙抑性・補充性の理念に従いやすいこ
との表れであるが，他面では，時として刑罰以上に苛烈になりうる
社会的制裁が過剰に機能していることの裏返しである可能性もある。

| 刑法の基本原則 | ①行為主義　処罰の対象は人の行為である。 |

したがって，人の内心や思想，悪い心情それ
自体は処罰の対象ではない。また，外部に現れた人の身体的・外部
的態度であっても，睡眠中の動作，単なる反射運動，絶対的な強制
下での身体的動作など，人の意思による支配と制御が不可能なもの
は処罰の対象ではない。

　②罪刑法定主義　いくら重要な法益保護のためだとはいえ，国
家が臨機応変，融通無碍に刑罰権を発動することを許せば，個人の
行動の自由（**予測可能性**）が大きく損なわれる（自由主義の考慮）。
また，刑罰の発動対象とその内容は，国民が国会における代表者を
通じて自ら決定すべきである（民主主義の考慮）。そこで，何が犯
罪であり，どの程度の刑罰が科せられるのかは，事前に法律で定め
られ国民に告知されていなければならない（「**法律なければ処罰な**

し」）。この原則を**罪刑法定主義**と呼び，近代刑法の大原則であって，憲法 31 条の保障内容の一部を成す。

　自由主義の考慮からは，**事後法（遡及処罰）の禁止**および**類推解釈の禁止**が導かれる。また，刑罰法規は，通常の判断能力を有する一般人が具体的場合において自らの行為が処罰の対象に当たるか否かの基準を読み取ることができる程度に具体的かつ明確に規定されていなければならない（**明確性の原則**）。

　民主主義の考慮からは，刑罰法規は国会の制定する法律でなければならない（**法律主義**）。法律以外の法令（政省令など）による処罰は法律による個別具体的な委任がない限り許されない（ただし，地方自治体の定める条例による処罰については，この制限は緩和されている）。

　③**責任主義**　　刑罰は，他行為可能性があったにもかかわらず，行為者があえて犯罪実行の意思決定をし，その決定に従って犯罪を実行したことに対する**法的非難**である。したがって，刑罰はそのような非難が可能な場合に限り，かつ，その非難の程度に応じて科される。刑法は**結果責任**を問うものではないのである。この考え方を**責任主義**といい，罪刑法定主義と並ぶ近代刑法の大原則である。

　犯罪論の体系　　｜　犯罪の一般的な成立要件は，構成要件該当性・違法性・有責性に三分され，犯罪の成否は必ずこの順序で検討する。つまり，**犯罪とは「構成要件に該当する違法かつ有責な行為」**である。

　構成要件該当性　　｜　犯罪は，社会的に有害な法益侵害行為のうちの特定のものを国会が処罰の対象として取り

出したものである。したがって，犯罪が成立するためには，まずもって，問題とされる具体的な行為が犯罪として禁止された観念的な行為類型（例えば，刑法 235 条の定める「他人の財物を窃取した者」）に当てはまらなければならない。このような行為類型を**構成要件**と呼ぶ。

　構成要件は，「刑法」という題名の法律（**刑法典**）の各則およびその他の刑罰法規（刑法典以外の刑罰法規を**特別刑法**と呼ぶ）において具体的に示されているが，その主たる要素は，**実行行為**（殺人罪においては人の生命に実質的な危険を及ぼす行為）と**結果**（殺人罪においては人の死亡），そして両者の間の**因果関係**である。

　構成要件が完全に充足された場合，つまり，実行行為に含まれる危険性が現実化し，それによって，法益侵害が発生した場合を**既遂**という。これに対して，法益を侵害する実質的危険がある行為の**実行に着手**したものの，法益侵害が発生しなかった場合（そのような因果関係を証拠上認定できない場合を含む）を**未遂**という。

　刑法は，既遂犯の処罰を原則としており，未遂犯の処罰はあくまでも例外である。我々が真っ先に想起する犯罪では未遂が処罰される例が多いけれども（殺人，強盗，窃盗，詐欺など），刑罰法規全体で見るとそれは少数である。ましてや，実行の着手よりも前の行為を捕捉する**予備**罪（や陰謀罪）は，極めて例外的であり，刑法典は，殺人や放火，通貨偽造など極めて限られた犯罪についてしか予備罪の処罰を規定していない。

> **Column③処罰の早期化の傾向**　以上がわが国の伝統的な処罰の姿勢であるが，1990 年代以降，世界規模で，サイバー犯罪・経済犯罪・組織犯罪・環境犯罪等に関して処罰の時期を前倒しする傾向が

生じている。結果の発生を待ってから処罰するのでは，被害が甚大すぎて対処が困難なためである。わが国でも同様であって，最近では，2017年に新設されたテロ等準備罪がその例である。

大多数の構成要件は単独の行為者による犯罪遂行（**単独正犯**）を予定しているが，現実の犯罪は複数の関与者によって遂行されることも多い。このような**共犯**現象を捉えるために，その関与形態に応じて，**共同正犯・教唆犯・幇助犯**が処罰の対象とされている。

違法性　犯罪が成立するためには，次に，行為が違法であること，すなわち社会的に有害であることを必要とする。構成要件は，社会的に有害な行為の一部を国会が取り出して類型化したものであるから，構成要件に該当する行為は原則として違法である。

しかし，医師による手術やボクシングの試合のように，傷害罪の構成要件に該当しても，実質的に見れば，むしろ社会的に有用な行為もある。このような場合，その行為は，**正当行為**として**違法性が阻却され**，犯罪は成立しない。

また，例えば，夜道で突然襲われたので自らの生命・身体を守るためにやむをえず咄嗟に反撃し相手を負傷させたとしても，自らが受ける可能性のあった法益侵害と対抗手段とが見合うものである限り，やはり傷害罪の違法性は阻却され，不可罰である。正が不正に譲歩すべきいわれはないからである（**正当防衛**）。刑法は，このような違法性阻却事由として，他に，正対正の状況における**緊急避難**を認めている。

なお，違法性の本質をめぐっては，法益侵害（あるいはその危険

の惹起）に尽きるとする**結果無価値論**と，刑法の定める行為規範に
違反することに（も）あるとする**行為無価値論**という2つの考え
方があり，かつてはいずれを採るべきかが華々しく論じられた。こ
の議論が具体的な問題の解決に常に直結するわけではないが，刑法
の役割についての基本認識の違いを示し，具体的な問題についての
思考の方向性を指示するものとして，意義がある。

有 責 性　　行為が構成要件に該当し違法であっても，それだけ
ではまだ犯罪は成立しない。責任主義の見地からは，
行為者の意思決定に対して非難を向けることができなければならな
い。そこで，犯罪が成立するためには，さらに，責任が認められる
こと（**有責性**）が必要である。この責任の要素としては，**責任能力**，
故意・過失，違法性の意識（の可能性），適法行為の期待可能性を
挙げることができるが，ここでは，責任能力と故意・過失について
見よう。

責 任 能 力　　自己の行為が許されるものであるか否かを判断し
（是非弁別能力），かつ，その判断に従って行動す
る能力（行動制御能力）をいう。行為時に責任能力がなかった場合，
刑罰を用いた適法行為への働きかけが作用する前提が欠けていたこ
とになるから，その行為は不可罰とされる。**心神喪失**と**刑事未成年**
がこれに当たる。

　心神喪失とは，精神病・意識障害・精神の変性などのために，是
非弁別能力と行動制御能力のいずれか（または双方）を欠くことを
いう（これらの一方または双方が著しく減退している場合が**心神耗　弱**
であり，刑が必ず減軽される）。重大な他害行為（殺人，放火等）に

及んだものの，心神喪失（または心神耗弱）を理由に不起訴とされ，あるいは，無罪判決（または刑を減軽する判決）を受けて確定した者は，**医療観察法**による検察官の申立てと裁判所の決定により，（その必要がないと判断される場合を除き）指定医療機関に入院・通院して治療を受けることになる。

刑事未成年，すなわち 14 歳未満の者の行為は，精神が未成熟で一人前の規範意識を働かせることが困難であり法的非難を向けることができないから，一律に**責任無能力**とされる。これらの年少者（触法少年）には刑罰を科するのではなく，児童福祉法や少年法に基づく教育的処遇が施される。なお，14 歳以上 20 歳未満の者（犯罪少年）の行為については犯罪が成立するが，少年法は，若さゆえの**可塑性**を重視して，やはり教育的処遇の優先を原則としている（成年に達した後も 20 歳未満の者は「特定少年」として 18 歳未満の者とは一部異なる扱いを受ける）。

故意・過失 | **故意**とは「罪を犯す意思」をいう。積極的に犯罪事実を生じさせることを意図した場合ばかりでなく，犯罪事実発生の可能性を十分認識しながら，あえてその危険を冒す場合（**未必の故意**）も含まれる。**過失**とは，不注意によって犯罪事実を生じさせることであり，通常の注意をしていればそのような事態を回避しえた場合（**注意義務違反**）をいう。

刑法は，故意犯の処罰を原則とし，過失犯の処罰は例外的なものとしている（例えば，過失の窃盗は処罰されない）。しかし，現実には，過失運転致死傷（自動車による人身事故）が犯罪発生件数のかなりの部分を占める（年間約 40 万件）。

過失犯は故意犯に比して法定刑が軽く設定される。故意も過失も

非難可能であることに変わりはないが，その度合いに違いがあるからである。例えば，殺人罪の法定刑が死刑か無期または 5 年以上の懲役であるのに対して，過失致死罪の法定刑は 50 万円以下の罰金である（業務上過失致死罪や過失運転致死罪の法定刑は単純な過失による場合に比べれば重いが，それでも殺人罪よりは軽い）。

（3）　刑事訴訟法

刑事手続の意義　　刑事手続は，捜査→公訴提起（起訴）→公判→裁判（判決）（→上訴）→判決確定（→実刑に処する有罪判決であれば刑の執行）という過程をたどる。

憲法 31 条によれば，「法律の定める手続」によらない限り刑罰を科することができない（**手続法定主義**）。個人の意思で実現しうる民事上の権利義務と異なり，国家刑罰権の実現のためには法律の定める手続を経由することが必須である。犯罪と刑罰は公の関心事であって，個人の意思による処理に馴染まないからである。

同条にいう「法律」としては「刑事訴訟法」という題名をもつ法律（**刑事訴訟法典**）が存在するが，それ以前に，そもそも憲法が刑事手続に関する詳細な定めを設けている。裁判所法・通信傍受法等も刑事訴訟法の法源であるし，最高裁判所が憲法上の規則制定権に基づき制定し手続の細目を定める**刑事訴訟規則**も重要である。

> **Column④刑事司法における被害者**　中世までのヨーロッパでは民法と刑法は未分化で，被害者による復讐も認められていたが，その後，社会の秩序を維持するために，被害者の損害を補塡する損害賠償の制度が発達し，それと並行して，復讐を公的制度に昇華して刑罰権を国家が独占することになった。

　その結果，被害者は，（その告訴の有無が親告罪の起訴の有効要件とされるといったごく一部の例外を除いて）刑事法における独自の地位を失い，目撃者等と同じ第三者の扱いになってしまった。しかし，犯罪を防止できなかった社会が被害者の正当な利益や心情に配慮すべきことは当然であるうえ，刑事手続において犯罪事実の解明や立証のために被害者の協力を求める際，単なる第三者と同じ扱いをしてしまうと，精神的な被害を拡大させかねないという無視しえない問題があり，それへの対処も必要である。

　わが国では 1970 年代の連続テロ事件等を受けて 1980 年に犯罪被害者等給付金制度が設けられたが，その後，20 世紀末には被害者保護の機運が高まり，2004 年には，犯罪被害者の保護のための施策を総合的に推進することを謳う犯罪被害者等基本法が制定された。同法は，「すべて犯罪被害者等は，個人の尊厳が重んぜられ，その尊厳にふさわしい処遇を保障される権利を有する」と宣言している（3 条）。

　そして，これまでに，公判の傍聴や情報提供についての便宜の提供が法制化されたほか，被告人に有利な量刑事情として考慮されることの多い示談を公判調書に記載することで債務名義としての効果を付与する制度（刑事和解），公判の審理を担当した裁判所がその結果を活用してそのまま損害賠償を命じる制度，犯罪収益を犯人から剝奪して被害者に分配する制度（被害回復給付金），被害者が公判で証言する場合の保護措置（付き添い・遮蔽・ビデオリンク方式による尋問），公判廷で被害者特定事項を秘匿する措置，被害者が公判で証人としてではなく固有の立場で被害についての心情を述べる制度，被害者が（傍聴人としてではなく）公判に固有の立場で出席し証人や被告人に質問をしたり事実関係や法律の適用について意見を陳述したりすることのできる被害者参加制度が導入されたほか，性犯罪の非親告罪化も行われた。

| 刑事手続の仮設性 | 刑事手続に関しては,「法律の定め」が要求されるのみならず, 定められる内容も極 |

めて厳格である。その理由としては, 本節冒頭 (→ 63 頁) で述べた権利侵害性に加えて, 手続の**仮設性**を挙げることができる。

　刑事手続は「事案の真相を明らかに」することを目的とする (刑事訴訟法 1 条) 過程であるから, 事実関係を調べている途中のある時点でたまたま見えている事実を「真相」だと考えることは背理である。そこで, 手続の終結点で有罪判決をする際には最高度の確実性を要求するとしても (→ 91 頁), それに至る手続の途中では, 制度設計上, 一定の誤差を許容せざるをえない (例えば, 逮捕に必要な犯罪の疑いの程度をみよ→ 83 頁)。このことは, 誤認に基づいて強烈な権利侵害が行われる可能性が常にあることを意味する。そこで, 許容限度を明確にしたうえで, 許容限度を超える権利侵害が行われないようにするための厳重な枠を設定しなければならない。

　罪を犯した疑いのある者について「**無罪の推定**」という逆説的な命題が語られる理由も, このような刑事手続の「仮設性」を踏まえれば, よく理解されるであろう。

| 刑事訴訟の基本構造 | 民事訴訟は, 私人間の紛争を解決するための制度であるから, 訴える側の原告, |

訴えられる側の被告, そして両者の間に立って裁定をする**審判者**(裁判所) の三面関係が自然に成立し, 審判者は自ずと中立・公平な立場に立ちうる (→ 31 頁)。これに対し, 刑事裁判は犯罪者の処罰という国家刑罰権を実現する手続であるため, 刑罰権の主体たる国家とその対象たる私人しか存在しないから, 単一の国家機関が捜査機関・訴追者と審判者の地位を兼ねることも可能である (**糺問**

主義)。

　もっとも，有罪の証拠を収集した機関が同時に審判するのであるから，能率的である反面，証拠の冷静な評価と中立・公平な判断を期待しづらい。そこで，ヨーロッパ大陸では，フランス革命以降，刑事司法にかかわる国家機関を捜査・訴追機関（検察官）と審判機関（裁判所）とに二分し，検察官—被告人—裁判所という，民事訴訟と同様の三面関係を刑事訴訟に導入し（**弾劾主義**），日本も，明治維新の後にそれを採用した。ただし，そこでは，フランスやドイツに倣って，事実解明における裁判所の役割が重視されていた。起訴と同時に証拠の引き継ぎを受けた裁判所が，前もってそれらを精査したうえで，公判では，検察官の主張に必ずしも拘束されることなく，自らの権限と責任において事件の真相を積極的に究明する方式（**職権主義**または**職権審理主義**）が採られたのである。

　これに対して，第二次世界大戦後の占領下で制定された現行刑事訴訟法（1948年制定）は，訴訟の基本構造として，英米法と同様の**当事者主義**を採用した。

　当事者主義とは，訴訟での主張・立証（**訴訟追行**）を**当事者**，すなわち，検察官と被告人（および被告人を援助・代理する弁護人）に委ね，裁判所は，両者の間の攻防を（スポーツの審判と同様に）一歩引いた立場から眺めて，検察官が犯罪事実の証明に成功したか否かの判断に徹するという方式である（民事訴訟と基本的に同じ）。

　現在の刑事訴訟では，起訴状（→86頁）とともに証拠を提出したり起訴状で証拠の内容を引用したりすることは許されない（**起訴状一本主義**）。しかも，裁判所の審判権限は起訴状に記載された**訴因**に拘束され，訴因外の事実を自ら積極的に究明することは許されなくなった（訴因制度）。これらの改革によって，裁判官は，事件

について**予断**を抱くことなく「白紙の状態」で審理に臨み，当事者双方の主張・立証をまって，公平な第三者として審判する制度が確立された。

| 刑事手続上の
基本的人権 | 訴追側の警察・検察は巨大な国家機関であるのに対し，被疑者・被告人は一私人にすぎない。 |

しかも，刑事司法は犯罪に対する社会からの反作用であるため，行き過ぎが生じてしまいがちである。そこで，憲法（32 条から 39 条まで）と刑事訴訟法は多くの規定を割いて被疑者・被告人の地位の強化を図り，捜査・処罰の必要性とのバランスを確保しようとしている。

まず，逮捕や捜索・差押えといった捜査手段を司法的抑制のもとにおき，事前に裁判官の発する**令状**を要することとした（**令状主義**）。また，被疑者・被告人には**自己負罪拒否特権・黙秘権**を保障し，公務員による拷問の絶対的禁止を宣言した。

被疑者・被告人は**弁護人**を選任してその実質的な援助を受ける権利を有し，身体を拘束された場合には立会人なしで弁護人と接見することができる（**接見交通権・秘密交通権**）。貧困その他の事由により弁護人を選任できない場合，被疑者については勾留された段階で，被告人については身体拘束の有無を問わず，国が弁護人を付する（**国選弁護人**）。

そして，被告人には「**公平な裁判所の迅速な公開裁判を受ける権利**」が保障され，（自分に不利な）「すべての証人に対して審問する機会を充分に与へられ」（**証人審問権**），「公費で……強制的手続により〔自己に有利な〕証人を求める権利」が保障される（**証人喚問権**）。

さらに，起訴されて有罪判決を受ける危険にさらされることは大

きな負担であるから，憲法は，個人がそのような負担を強いられる
のは一度きりであって，有罪または無罪の判決が確定した場合には
同一の事実について再度訴追されることがない（**二重の危険の禁止**）
という保障を与えている（**一事不再理効**）。

適正手続の保障　憲法 31 条は手続の法定のみならず，その手続の実質・内容が「適正」なものであること
をも要求しているというのが一般的な理解である。

　犯罪行為への対処が綺麗事だけで済まないことは確かであるが，
だからといって，その処罰に向けた過程で国家が不正義を働いてよ
いことにはならない。それどころか，刑事司法は，全知全能の神で
はなく能力に限りのある人間の営みであるから，関係者が全力を尽
くしたところで，得られた結論が「正しい」という保障はない。そ
うだとすれば，少なくとも，結論に至るプロセスにおける正義だけ
は死守すべきだと考えることもできる（→ 25-26 頁）。

　もっとも，「適正」さの具体的な内容が天下り式に与えられてい
るわけではない。そこで，その具体的内容は，その時々の社会の水
準を前提としつつ，捜査・処罰の必要と個人の利益の間の権衡を図
る営為を通じて我々自身が自覚的に見出していかなければならない。

捜　査　犯罪が発生したと思われるとき（**捜査の端緒**）に，犯人と思われる人物（**被疑者**）を発見して（必要であれ
ば）その身体を拘束するとともに，証拠を収集し保全する活動が捜
査である。主たる捜査機関は**司法警察職員**（警察官のほか，海上保
安官・麻薬取締官・労働基準監督官等）であるが，検察官・検察事務
官も捜査権をもつ。**検察官**は，通常は，警察の捜査を受けて補充的

に捜査をするにとどまるが，政治的独立性や専門知識が求められる事案では，自ら積極的に乗り出して捜査することもある。

<table>
<tr><td>強制捜査・任意捜査</td><td>犯罪捜査のための手段は**強制処分**と**任意処分**に分かれる。</td></tr>
</table>

　強制処分とは，被処分者の合理的に推認される意思に反してその重要な法益を実質的に侵害制約する捜査手段であり，要件・効果・手続を具体的に定める法律上の根拠がない限り許されない（**強制処分法定主義**）。現時点で法律上捜査機関に許されている強制処分は，逮捕，捜索・差押え・記録命令付差押え・リモートアクセス，検証，鑑定処分，通信傍受である。さらに，強制処分は，原則として，令状主義の適用を受ける。なお，最近の判例は，GPS 装置を用いた車両の位置情報の継続的取得について，現行法上の強制処分として実施しうるとすることには疑義があるとして，立法措置を促している（最大判平成 29 年 3 月 15 日刑集 71 巻 3 号 13 頁）。

　任意処分とは，強制処分以外の捜査手段をいう。被処分者の同意を得て行う場合に限らず，同意を得ていなくても，強制処分と評価すべきほどの法益侵害が伴わなければ，なお任意処分として実行することができる。聞き込みや張り込み・尾行，被疑者や参考人の取調べのほか，公共空間を行動する人物の容貌等の撮影，おとり捜査などさまざまな手段がある。対象者の法益の侵害をできるだけ少なくするため，捜査は任意処分によるのが原則である（**任意捜査の原則**）。

<table>
<tr><td>逮捕・勾留</td><td>①概要　逮捕・勾留はいずれも被疑者の身体を拘束する手段であるが，必ず逮捕が先行し，それ</td></tr>
</table>

で足りない場合に勾留に移行する（**逮捕前置主義**）。ただし，被疑

者の多く（刑法犯では約3分の2）は身体拘束されることなく捜査される（**在宅事件**）。逮捕・勾留は，**被疑者の逃亡と罪証隠滅を阻止した状態で起訴・不起訴の判断に向けた捜査を遂げることを目的とする強制処分**である。したがって，犯罪の疑いがあったとしても逃亡や罪証隠滅のおそれがない限り，身体拘束は正当化されない。

逮捕・勾留は，人身の自由という最も基本的な人権を直截に侵害する強制処分であるから，厳格な手続・時間制限が法定されている。

②逮捕と逮捕後の手続　被疑者を逮捕するためには，憲法の定める令状主義に従い，原則として，被疑者が罪を犯したと疑うに足りる**相当な理由**の存在を裁判官が確かめたうえで発する逮捕状が必要である（**通常逮捕**。全逮捕数の半分強）。これに対して，**現行犯人**の逮捕には，逮捕状は不要である（全逮捕数の半分弱）。逮捕状の発付を待つ時間的余裕がないという緊急性に加えて，犯罪の存在と被逮捕者の犯人性が**明白**であって誤認逮捕のおそれが小さいことから，憲法が明文で令状主義の例外としている。また，一定の重大な犯罪について高度の嫌疑（**充分な理由**）があり急速を要するときは，逮捕状を事前に得ることなく逮捕し，その後直ちに逮捕状を求める**緊急逮捕**も認められる（全逮捕数のうちの5％前後）。

警察が被疑者を逮捕したときは，引致後直ちに司法警察員（警察では原則として巡査部長以上の階級の者）が犯罪事実の要旨や弁護人選任権（と勾留された場合に備えて国選弁護人選任請求権）を告げ，**弁解の機会**を与えたうえで，逮捕時から48時間以内に被疑者を検察官に送致するか釈放するかしなければならない。検察官は，再度，弁解の機会を与えたうえで，被疑者を受け取った時から24時間以内，かつ，逮捕時から72時間以内に，起訴するか，裁判官に対し被疑者の勾留を請求するか，釈放するかを選ばなければならない。

　③勾留　　裁判官は，**勾留質問**で被疑者の言い分を聴いたうえで，被疑者が罪を犯したと疑うに足りる相当な理由のほか，逃亡または罪証隠滅を疑うに足りる相当な理由があると認めるときに被疑者を勾留する。勾留の期間は請求日を含めて 10 日であるが，やむをえない理由のあるときは，10 日以内の延長が可能である。こうして，一般の犯罪については，起訴前の身体拘束は通算 23 日が限度である。

　④起訴後の勾留　　なお，起訴後の被告人については，公判への出頭の確保と罪証隠滅の防止を目的として，2 か月の勾留が許される。ただし，重い罪で起訴されている，罪証を隠滅すると疑うに足りる相当な理由がある等の事情がない限り，延長は 1 回に限られる。また，同様の事情がある場合を除き，請求があれば，**保釈を許**さなければならない（さらに，それらの事情があっても，裁判所は職権で保釈を許すことができる）。

| 取調べ | 逮捕・勾留の目的に**取調べ**は含まれない。かえって，逮捕・勾留をせずとも，在宅の被疑者に出頭を求めて取り調べることは可能である（任意取調べ）。もっとも，逮捕・勾留された被疑者の取調べが許されないわけではないし，実際にも行われている。

　取調べの重視は，わが国の刑事司法の大きな特徴である。捜査機関は，被疑者（や事件関係者）の取調べを通じて，事案を綿密に解明することを目指し，詳細な供述を得てこれを供述調書に録取し，それが公判における有力な証拠として活用されてきた。

　しかし，人々の価値観の多様化や権利意識の高揚，捜査弁護の活性化といった変化に伴い，取調べに頼った捜査は次第に難しくなりつつある。また，**取調べと供述調書への依存**傾向が時として違法・

不当な取調べを生じさせてきたことも事実である（→ 89 頁）。

| 公訴の提起 | 司法警察職員が捜査した事件は（一定の例外に該当しない限り→ 65 頁）すべて検察官に送致され

る（全件送致主義）。そして，捜査の結果，検察官は，有罪の高度の見込みがあると判断したときに，裁判所に**公訴を提起**（起訴）する（国家が訴追の権限を有し，それを行使するのはほぼもっぱら検察官である。**国家訴追主義・起訴独占主義**）。嫌疑がこの水準に達しないときは，嫌疑なし・嫌疑不十分という理由で**不起訴処分**が行われる。この判断は，立証の難易等諸般の事情を考慮した検察官の合理的な裁量による。

　しかも，有罪の高度の見込みがあれば必ず起訴されるというわけではない。犯人の性格，年齢・境遇，犯罪の軽重・情状，犯罪後の情況により訴追を必要としないときは，検察官は，その裁量により，被疑者を**起訴猶予**とすることができる（**起訴便宜主義**）。実務では，嫌疑なし・嫌疑不十分という理由で不起訴処分とされる者は不起訴総数の約 1 割でしかないのに対して，検察官が有罪の高度の見込みがあると判断した被疑者のうち実に約 6 割が起訴猶予とされる。他方，検察官が起訴した残りの約 4 割の事件が無罪となる可能性は極めて小さい（→ 92 頁）。

| 訴追裁量のコントロール | このように，検察官の**訴追裁量**は刑事司法全体の中で大きな役割を果たしている。しかし，それが常に適正に行使される保障はない。

　そこで，不当な不起訴処分（起訴猶予を含む）については，次の 2 つの是正手段が用意されている。①②いずれにおいても，不起訴

処分をした検察官に訴訟追行をさせることは適切でないので，裁判所が検察官の役割を務める弁護士を指定する。

　①公務員の職権濫用の罪に限ってであるが，裁判所が，被害者等の請求に基づき事件について調べた結果，本来起訴されるべきであったとして裁判所の審判に付する旨の決定（**付審判決定**）をすると，起訴されたものとみなされる制度がある（**準起訴手続**）。

　②犯罪の種類を問わず，有権者からくじで選ばれた一般市民 11 名によって構成される**検察審査会**が不起訴処分の当否を審査し議決する制度がある。検察審査会は，審査の結果，ⓐ不起訴相当，ⓑ不起訴不当（不起訴相当と言い切れないので再検討してほしい），ⓒ起訴相当のいずれかの議決をする。そして，ⓒの議決をしたにもかかわらず，検察官が所定の期間内に起訴しなかったときには，検察審査会は，再度の審査を経て**起訴議決**をすることで，強制起訴に持ち込むことができる。ただし，この場合は，起訴されたとみなされるわけではなく，指定弁護士が議決の趣旨に沿って実際に公訴を提起する。

　これに対して，不当な起訴を抑制する法律上の手段はない。そこで，学説上，起訴の権限が濫用された場合には起訴を無効として訴訟手続を打ち切るべきだという主張がある（**公訴権濫用論**）。

　　起 訴 状　公訴の提起は，審判の対象となる犯罪事実（**訴因**）を記載した**起訴状**の提出によって行われる。起訴によって被疑者の地位は**被告人**に変わる。その後の公判では，この訴因をめぐって両当事者の訴訟追行が展開される。

公 判 手 続 第一審の**公判**（公開の法廷での審判という意味で
ある）は，**冒頭手続→証拠調べ手続→弁論手続→
判決**という順で進行する。大多数の事件では，公判は，2週間ない
し1か月の間隔で開廷され，2〜3回の期日で終わるが，ごく一
部の重大な事件や複雑な事件では長期化することもある。

手続のバリエーション 限られた施設・人員・予算・時間で大
量の事件を適切に処理するためには，
事件の軽重や難易に応じてメリハリをつけることが必要である。

①簡易に処理する方向でのバリエーション――略式手続・即決裁
判手続　　検察官は，簡易裁判所の管轄に属する事件であって
100万円以下の罰金または科料に当たる罪については，被疑者の
同意を得て，起訴と同時に略式命令の請求をすることができる（**略
式手続**）。この場合は，公判を開くことなく書面審理で犯罪事実を
認定し刑を定める（伝聞法則〔→90頁〕は適用されない）。略式命
令を受けた被告人が正式裁判の請求をしなければ，略式命令は有罪
判決と同じ効力をもつ。

年間約20万件の事件が略式手続で処理されており，その大部分
を占めるのは反則金による処理の対象とされない重い交通違反（赤
切符の事案。年間約12万件）である。これに対して，公判が開か
れる事件は年間約8万件である。

また，公判を開く場合であっても，事実関係に争いのない比較的
軽い事件については，簡易で迅速な審理により（できる限り）即日
に判決をする**即決裁判手続**の制度がある。裁判員制度の実施を見据
えつつ，メリハリを実現するために2006年に始まったもので，
最盛期には年間約5000件に適用されたが，直近の適用数は年間

約 100 件にとどまる。

　②手続を加重する方向でのバリエーション――合議制・裁判員制度，公判前整理手続　　第一審では，原則として 1 名の裁判官が事件を審理し判決する（**単独制**）が，地方裁判所の管轄に属する一定の重大な事件については，慎重を期するため，必ず 3 名の裁判官の**合議体**で審判しなければならない（**法定合議**）。その他の事件も，裁判所の個別の判断で，合議体による審理の対象とすることができる（**裁定合議**）。そして，法定合議の対象事件のうちの一部についてさらに手続を加重するのが裁判員裁判である（→ 94 頁）。

　一般の事件では公判の準備は各当事者が（適宜連絡を取り合いつつ）行うが，複雑・困難であったり争いがあったりするために，十分な準備を行う必要性が強い事件については，公判を開く前に，裁判所が主宰する**公判前整理手続**に付することができる。この手続では，検察官と弁護人がそれぞれの予定主張を明らかにし，手持ちの証拠を相手方に開示し（**証拠開示**），争点と証拠を整理し，審理の日程・計画を決めるなど，裁判所の関与のもとに公判の準備が行われる。裁判員裁判対象事件は，継続的，計画的，かつ迅速な審理の必要性が特に強いことから，必ず公判前整理手続に付される。

証拠裁判主義・自由心証主義　事実を主張し，それを立証するための証拠を提出するのは，当事者主義のもとでは，当事者の役割である（→民事訴訟と基本的に同じ→ 39 頁）。裁判所が職権で証拠調べをすることもできるが，それはあくまでも補充的な機能にとどまる。

　事実は証拠によって認定されなければならない（**証拠裁判主義**。なお，民事訴訟におけるのと異なり自白は裁判所の事実認定を拘束し

ない。また，弁論の全趣旨を考慮することも許されない）。しかも，犯罪事実の存否については，適式な証拠調べを経た証拠能力のある証拠による証明（**厳格な証明**）を要する。

　証明力，すなわち，その証拠の推認力や信用性の有無・強弱の評価は，裁判官（・裁判員）の自由な心証に委ねられる（**自由心証主義**〔→ 41 頁〕）。むろん，自由といっても，恣意的，不合理な事実認定を許す趣旨ではない。心証形成は，論理則・経験則等に照らして合理的なものでなければならない。

　証 拠 能 力　　証拠能力とは，公判における証拠調べの対象としうる適格をいい，これを欠く証拠はその存在を無視しなければならない。証拠能力は，前述した証明力とは区別され，かつ，証明力の評価よりも前に検討されるべき問題である。民事訴訟と比べると刑事訴訟では証拠能力が制限される場合が格段に多い。

　自 　白　　「自白は証拠の女王である」というラテン語の法諺が示すとおり，自白は，価値の高い証拠として，古来，重視されてきた。しかし，その類型的な価値の高さゆえに人権侵害や誤判を生じる危険が大きい。そこで，証拠能力と証明力の双方に制限が加えられる。

　まず，強制・拷問等による自白その他**任意にされたものでない疑いのある自白**は証拠能力が否定される（**自白法則**）。拷問等の重大な**違法**を伴う取調べの成果を裁判で用いることは許すべきでないし，そうでなくても，任意性に疑いのある証拠は類型的に虚偽を含むおそれがあり，しかも，それを見抜くことが難しいため，事実認定を大きく誤る危険があるからである。

　そして，自白法則に抵触せず証拠能力の認められる自白であっても，その自白が被告人にとって不利益な唯一の証拠である場合には有罪とすることができず，自白から独立しその真実性を担保する**補強証拠**が要求される（**補強法則**）。

　自白法則の適用は，従来，困難な問題を抱えていた。取調べは取調室という密室で行われるため，任意性に疑いを生じさせる事情の有無が争われた場合，裁判所が判断に窮することが少なくなかった。そこで，2019 年から，裁判員裁判対象事件と検察の独自捜査事件について，身体拘束下の取調べの全過程を映像と音声で記録することが義務づけられた。

　これは，直接的には自白の任意性の証明方法を制度化したものだが，**取調べの可視化**を実現し，違法・不当な取調べを抑止する効果を発揮している。なお，法律上の義務のない事件でも録音・録画をすることは妨げられないし，それは現に行われている。

　　伝　聞　証　拠　　伝聞証拠とは，公判廷外での供述を内容とする書面または公判廷外での供述を内容とする公判廷での供述であって，公判廷外における供述の内容たる事実の存否を推認するために用いられるものをいう。例えば，Ａの目撃談（原供述）を内容とする供述調書や，Ａの目撃談を聞いた証人Ｂの公判廷での証言を用いて，Ａが目撃したと述べるとおりの犯行状況を推認する場合がこれに当たる。

　公判廷では，証人は宣誓し，偽証罪の処罰の可能性を警告されたうえで証言する。裁判官（・裁判員）は証人や被告人の供述態度を自ら観察して供述の真偽の判断に役立てることができる。公判廷で供述する者は，当該供述が不利に作用する当事者による**反対尋問・**

反対質問にもさらされる。ところが，伝聞証拠の場合，事実認定の根拠となる原供述は公判廷外でされてしまっているため，このような手段が機能せず，誤判のおそれを払拭することができないことから（被告人に不利な供述の場合は，憲法上の証人審問権の保障にも反する），原則として証拠能力が否定される（**伝聞法則**）。

　もっとも，伝聞法則には例外（**伝聞例外**）があり，実際には，捜査機関が作成した供述調書を始めとする大量の捜査書類が，被告人（・弁護人）の**同意**を得ることにより，あるいは，同意がなくても一定の要件を満たすことで，証拠として用いられてきた。ただ，裁判員裁判の導入が契機となって，このような傾向には変化が生じている（→ 95 頁）。

違法収集証拠排除法則　　違法な捜査によって得られた証拠を用いて有罪立証をすることを許せば，司法の廉潔性（れんけつせい）が害されるし，違法な捜査を誘発し，捜査に対する厳格な規制を無意味なものにしかねない。そこで，憲法・刑事訴訟法に明文の規定はないけれども，判例は，「令状主義の精神を没却するような重大な違法があり，〔当該証拠を〕許容することが，将来における違法な捜査の抑制の見地からして相当でない」場合には，違法収集証拠の証拠能力を否定すべきものとしている（最判昭和 53 年 9 月 7 日刑集 32 巻 6 号 1672 頁）。

証明の水準・証明責任　　有罪判決をするためには，「**犯罪の証明があった**」こと，すなわち，**合理的な疑いを差し挟む余地のない程度の証明**によって有罪の**確信**が得られることを要する。この要求を満たすことに検察官が成功しない限

り，「犯罪の証明がない」ものとして無罪の判決をしなければならない（被告人が無実を証明する必要はなく，せいぜい「合理的な疑い」を生じさせれば足りる）。これが，刑事裁判の鉄則である**「疑わしいときは被告人の利益に」**の原則（**利益原則**）である。

このように，犯罪事実についての証明責任は，当事者間で分配されることはなく（民事訴訟と異なる。→ 42 頁），もっぱら検察官が負担する。それは，事実誤認に伴う不利益を検察官（が代表する社会全体）と被告人のどちらに負わせるのが正義にかなうかを考えた結果である。誤った無罪判決による不利益（真犯人を取り逃がす）は社会全体に分散されるのに対して，誤った有罪判決による不利益は被告人ひとりに集中する（無実なのに処罰される）。いずれも望ましくない事態だが，どちらが「まし」かと問われれば前者だ，というわけである。

有 罪 率　統計によれば，起訴された事件の 98 ～ 99％が有罪になる。これは被告人が有罪を認めている事件を含む数字だが，否認事件に限ってみても全部無罪率は 2 ～ 3％にとどまる。

このような極めて高い**有罪率**は，有罪の高度の見込みがある場合に限って起訴する運用が検察実務で徹底されていることの表れであるが，同時に，ひとたび起訴された場合，公判で結論が変わる見込みはまずないことも意味する。このことに対する評価は分かれる。

三 審 制　刑事訴訟の第一審は，（内乱に関する罪を除き）地方裁判所または簡易裁判所が管轄を有し，第一審の判決に対し不服がある場合は，判決に影響を及ぼす事実誤認や量刑不

当等を理由に，高等裁判所に控訴することができる。控訴審の判決に対しては，**憲法違反・判例違反**を理由とするときに限り，最高裁判所に**上告**することができる（ただし，これらの適法な上告理由がない場合でも最高裁判所は職権で判断を示すことができ，最高裁が実質的な判断を示す場合の大多数はこれに当たる）。なお，検察官による上訴について，判例は，第一審から上訴審までが通じて1個の危険であるから，憲法39条の二重の危険の禁止には違反しないとしている。

　このような通常の方法による不服申立ての手段が尽きたとき，**判決が確定**する。実刑判決であれば，検察官の指揮により刑が執行される（死刑の執行には法務大臣の命令を要する）。無罪判決が確定した者は，**刑事補償請求権**を有する。

|非常救済手続|以上に見てきたような手続によって慎重な審理を行ったとしても，なお誤判を生じる可能性はある。このため，判決確定後の非常救済手続として，再審と非常上告という2つの手段が用意されている。

　再審は，新証拠が発見された等の事情がある場合に，被告人に利益な方向——有罪を無罪に変更する，軽い罪での有罪に変更する等——で裁判をやり直し，誤った事実認定による有罪判決を受けた者を救済する手続である（無罪を有罪に変える，刑を重くする等の不利益再審は，二重の危険の禁止に反し，許されない）。

　再審無罪の事例で最も多いのは，交通事故や交通違反の身代わり犯人について検察官が無罪判決を求める事案である。しかし，もっと深刻ないわゆる「冤罪」について被告人による再審請求が容れられて救済された事例の存在も無視することができない。1940〜

50 年代にかけて発生した事件で死刑の確定判決を受けた者が，1980 年代の再審で無罪とされ生還した 4 事例（免田・財田川〔さいたがわ〕・松山・島田事件）はよく知られているし，21 世紀になってからも，殺人あるいは強盗殺人で有罪が確定した人が再審で無罪とされる事例が複数現れている。

非常上告は，法令の解釈・適用の誤りの是正を目的とし，検事総長のみがすることができる。被告人にとっての有利・不利を問わないが，有利な場合を除き，被告人に影響を及ぼさない。

（4）　裁判員制度

| 裁判員制度の概要 |

わが国の刑事裁判は，1928 年から 1943 年まで**陪審制**が実施されたのを除き，明治以来，職業裁判官のみによって担われてきた。しかし，21 世紀初頭の司法制度改革の際に，「司法に対する国民の理解の増進とその信頼の向上に資することにかんがみ」（裁判員法 1 条），**裁判員制度**を導入することが決まり，2009 年から実施されている。

その対象は，殺人，強盗致死傷，強制性交等致死傷，現住建造物等放火，覚醒剤の営利目的輸入などの重大な事件であり，第一審の審理と判決は，**裁判官 3 名と裁判員 6 名から成る合議体**で行われる。**裁判員**は，有権者から無作為抽出された候補者のうちから，事件ごとに，裁判所での選任手続を経て選任される。

裁判員は，裁判官とともに，事実を認定し，それに法律を適用して有罪か無罪かの判断をし，有罪である場合には刑の量定も行う（量刑に際しては，全国の裁判員裁判対象事件の量刑を蓄積した**裁判員量刑検索システム**を参照することができる）。ただし，法令の解釈や訴訟手続についての判断は裁判官が行う。公判は，裁判員の参加を

可能にするため，集中的に（ほぼ毎日）開廷される。

　裁判官と裁判員は評決では対等であり，結論は多数決によるが，多数意見には裁判官と裁判員の双方が加わることを要する。

　　　　　　　　　　　　　裁判員制度は，合議体の構成の変更にとどま
裁判員制度が　　　　らない大変革を刑事司法にもたらした。
もたらしたもの
　　　　　　　　　　　　　被疑者国選弁護や公判前整理手続（証拠開
示）の導入は，長年にわたる懸案の課題であったところ，裁判員制度存立の前提条件だという理由で法制化が決断された。そして，これらの制度の導入が要因となって，刑事弁護が活性化し，勾留請求却下率と保釈率が顕著に上昇した。取調べの録音・録画の導入も，裁判員制度が契機になっている。

　また，職業裁判官だけで裁判をしていた頃の刑事訴訟の実態は，公判での攻防よりも供述調書を含む大量の書類を重視し，それを用いて事細かに事実を認定するというものであった（**精密司法**）。これに対して，裁判員裁判では，短期決戦の公判における当事者間の攻防と，裁判官・裁判員が直接聴く証言・供述に基づき，事件の核心に的を絞って審理する運用が定着した（**核心司法**）。

　もっとも，公判での攻防を中核とする訴訟の運用（**公判中心主義・直接主義**）は，当事者主義を採用した現行刑事訴訟法がもともと想定していた姿である。半世紀の間，さまざまな事情により妨げられていたそれが，裁判員制度のおかげで，ようやく実現されつつあることになる。

　そして，性犯罪などで従来よりも刑が重くなる傾向が見られる一方，介護疲れによる殺人などでは逆に軽くなる傾向が生じるなど，従来の「量刑相場」と比べると，量刑の幅がやや広がった。また，

全部執行猶予の判決をする際に，被告人の更生・社会復帰に対する配慮から保護観察に付する例が以前よりも増えている。量刑においても一般市民の健全な感覚が反映されているといえよう。

　このように，裁判員制度はさまざまな変革を統合する要としての役割を果たし，現在も刑事司法変革の原動力として機能し続けている。

参考文献

刑事法全体についての入門書として，

井田良『基礎から学ぶ刑事法〔第 6 版補訂版〕』（有斐閣，2022 年）

刑事司法の実態や経年変化を知るための資料として，

法務省法務総合研究所編『犯罪白書』（毎年秋に刊行。法務省ウェブサイトでも公開される）

刑法の入門書として，

山口厚『刑法入門』（岩波新書，2008 年）

行為無価値論の立場から書かれた刑法の教科書として，

井田良『講義刑法学・総論〔第 2 版〕』（有斐閣，2018 年），同『講義刑法学・各論〔第 3 版〕』（有斐閣，2023 年）

結果無価値論の立場から書かれた刑法の教科書として，

山口厚『刑法〔第 3 版〕』（有斐閣，2015 年）

刑事訴訟法の教科書として，

池田公博＝笹倉宏紀『刑事訴訟法』（有斐閣，2022 年）

刑事政策（犯罪者処遇法，少年法を含む）の教科書として，

川出敏裕＝金光旭『刑事政策〔第 3 版〕』（成文堂，2023 年）

4 憲 法

(1) 立 憲 主 義

国 家 と 法　一定の地域（領土）を基礎として，その地域に住む人間（国民）が，強制力をもつ統治権（**主権**）のもとに法的に組織されるようになった社会を，**国家**という。領土，国民，主権は国家の三要素といわれる。

　主権という概念は，国家の統治権を指すとともに，それ以外の意味でも用いられる。例えば，憲法前文が「自国の主権を維持し」といっているのは，国家権力の属性としての最高独立性を意味しているし，また，国民主権という場合には，国政の最高決定権が国民にあるという意味である。

　近代以降の国家は，法と切っても切り離せない関係にある。国家は国民に対して統治権を行使するが，それは法を定め，それを実施するという形で行われるのが通常である。他方で，国家権力は，法によって構成され，また，制限される。一般に，**憲法**とは，このように国家を法的に組織して，国家による統治権の行使のあり方とその限界を定める法である。

憲法と立憲主義　憲法という概念も，主権と同じく，さまざまな意味で用いられる。その内容にかかわらず，「憲法」という名前がついている法を指す場合もあるが（形式的意味の憲法），国家の統治の基本を定めた法であれば，それが成文法であるか不文法であるか，また，「憲法」という名前がついている

かにかかわらず，その法のことを憲法と呼ぶ場合もある（実質的意味の憲法）。

　実質的意味の憲法の中でも，**立憲主義**に立脚した憲法のことを，立憲的意味の憲法と呼ぶ。立憲主義とは，憲法に基づき恣意的・専断的な権力を制限して，国民の権利・自由を保障するという政治思想である。このような立憲主義の源は，ヨーロッパの古い政治思想にみられるが，その明確な表現は，「権利の保障が確保されず，権力の分立が定められていない社会は，すべて憲法をもつものではない」と規定するフランス人権宣言（1789 年）の 16 条に示されている。

　近代立憲主義は，議会制を定める憲法によって君主の権力を制限する政治体制（立憲君主制）をもたらした。その後，国民の政治参加が進み国民主権体制が確立すると，今度は議会や国民の多数派による少数派の迫害などの弊害が問題となった。現代立憲主義の主な狙いは，独裁政治を防ぎ，個人の基本的人権を確保する立憲民主主義の実現に変わっている。このように，君主制であっても民主制であっても，専制政治に反対する思想であるところに，立憲主義の核心がある。

　日本国憲法は，「憲法」という表現を法典名に含む点で形式的意味の憲法であり，また，国民主権原理（1 条）のもとで，国会・内閣・裁判所という国家機関を定め，立法・行政・司法という国家作用を定める点で実質的意味の憲法である。そして，個人の尊重（13 条）を基本理念として，国民の基本的人権を保障している点で，立憲的意味の憲法でもある。

統治と公共の福祉　　国家の統治権は，君主や特定の勢力・階級の私的な利益を追求するためではなく，領土に居住するすべての人のために，行使されなければならない。日本国憲法が規定する「**公共の福祉**」とは，本来，このような要請を指している。

　法の分類にはさまざまなものがあるが，公法と私法の分類は，国家の統治権および公共の福祉と，法の関係に，着目したものである。国家（地方公共団体等を含む）は，公共の福祉の実現を目指して統治権を行使するが，その根拠や，行使の方法と限界，さらには行使する主体のあり方を規定するのが，**公法**である。これに対して**私法**は，統治権に服する私人（市民や企業など）の間の法的関係を規律する法である。憲法は，国家と市民の関係を規律する行政法や，国家同士の関係を規律する国際法とともに，公法の一部をなす（→ 9頁）。

法　の　支　配　　私法の世界は，私人が法的には平等・対等であることを前提としており，私的自治の原則が認められる。これに対して，公法の世界では，統治権を有する国家と国民個人の間は，法的に対等の関係ではありえない。しかし，このままでは，個人は国家権力に服従するだけの存在になってしまう。そこで現在では，国家権力を制限し，個人の基本的人権を保障すべきだという立憲主義の思想が，多くの国家や国際社会で受けいれられているのである。

　このような立憲主義を実現する仕組みが，政治権力が法により拘束され，独立の裁判所にコントロールされるべきだという「**法の支配**」の原理である。法の支配はもともと，近世のイギリスで，絶対

王政による「人の支配」を排除するというねらいで強調された。

　その後，ヨーロッパでも，行政権が国民の権利・自由を制限するには，議会があらかじめ制定した一般的な法律によらなければならないという**法治主義**の思想が発達した。行政活動は法律に基づいて行われなければならないという法律による行政の原理は，現代の日本においても，公法の基本原則として確立している（→ 176 頁）。

　現代国家の憲法の多くは，国民主権とともに立憲主義を基本原理としている。君主制から民主制に政治体制が変わっても，多数派による少数派の迫害など，国家権力による人権侵害の危険は続いているからである。さらに，基本的人権の中でも，表現の自由や選挙権の保障を確保しなければ，民主主義それ自体が崩壊してしまう。このようにして立憲主義と国民主権は密接に結びついている。こうした立憲民主主義を維持するために，日本国憲法も，法の支配を担う裁判所の役割を重視し，**違憲審査権**（81 条）を定めている。

（2）　日本国憲法の特徴

明 治 憲 法　　1889 年に制定された大日本帝国憲法（明治憲法）は，天皇を統治権の総攬者としつつ帝国議会を置くことにより国民の政治参加を認め，また臣民の権利を保障して天皇の統治権を制限した。しかしその反面で，天皇の統治権は神勅によるものとされ，統帥権の独立により軍に対する議会・政府のコントロールが制限されていた。また，臣民の権利は天皇によって与えられた権利と観念され，法律や天皇の命令により広汎な制限が可能とされていた。行政に対する裁判所のコントロールは弱く，**違憲審査権**も認められていなかった。

　大正デモクラシーの時代には，普通選挙制が導入され，政党が交

互に内閣を組織するという形で，明治憲法が立憲的に運用されたこともあった。しかし世界恐慌や国際的環境が悪化する中，テロ等を通じて軍部や右翼の勢力が増大し，憲法の立憲的運用を支えていた天皇機関説（統治権の主体は国家であり，天皇は法人格をもつ国家の機関であるという考え方）も「国体」に反する学説として退けられた。こうして日本は第二次世界大戦への道を歩み，そして 1945 年 8 月には連合国のポツダム宣言を受諾して敗戦を迎えた。

日本国憲法の成立

ポツダム宣言は，民主的政治体制の整備や基本的人権の尊重の確立を日本に求めていたが，日本政府の準備した憲法改正案は明治憲法の部分的修正にとどまっていた。そこで日本を占領し間接統治していた連合国総司令部は，1946 年 2 月，自らの憲法改正案（マッカーサー草案）を示し，それに基づき日本政府と総司令部の間での折衝を通じて政府の憲法改正案が作成された。日本で初めて女性に選挙権が認められた総選挙を通じて成立した帝国議会で，憲法案が審議され，若干の修正が行われた後，日本国憲法は 1946 年 11 月 3 日に公布され，47 年 5 月 3 日に施行された。

　日本国憲法は，その成立過程で総司令部の圧力があったことは確かであるが，ポツダム宣言や憲法の内容などからみて，有効に成立したものとされている。また，天皇主権に基づく旧憲法の「改正」という手続を取ってはいるものの，国民主権を採用し，憲法を制定する権力（制憲権）の所在が天皇から国民に移っていることからすれば，実質的には新憲法の「制定」に当たると考えられている。

　▌ *Column*⑤日本国憲法以前の法令は？　日本国憲法が施行された際

に適法に施行されていた法律等は，その内容が憲法に反しない限り，引き続き効力を有する。例えば，明治 8 年太政官布告 103 号裁判事務心得（→ 7 頁）は，明治憲法制定以前に定められた古い法令であるが，現在でも効力を有するものとして扱われている。

国民主権　日本国憲法は，個人の尊重，基本的人権の尊重，国民主権，権力分立，法の支配を採用しており，立憲的意味の憲法として普遍的な性格をもっている。しかしそれと同時に，具体的な日本という社会で立憲主義を実現するに当たり，明治憲法下でのさまざまな問題点を克服しようという特徴ももっている。

　国民主権については，全国民の代表が構成する国会が政治の中心となるしくみ（**代表民主制**）が採用されている（前文・43 条）。明治憲法下では内閣総理大臣も他の国務大臣と同格の立場で天皇を補弼するにすぎなかったが，日本国憲法は**議院内閣制**のしくみを定めるとともに（66 条 3 項・69 条），内閣総理大臣を内閣の首長としてその地位を高めている。国民は基本的には国会議員の選挙を通じて政治に参加する。憲法改正については例外的に直接民主主義的なしくみが取られており，両議院の特別多数決で発議された憲法改正案について国民投票における過半数の賛成があった場合に，憲法改正が成立することになる（96 条 1 項）。憲法は法律以下の法規範を制定する権限について定めているが，その憲法を改正する権限が最終的に国民にあるということは，国民主権の原理の表れでもある。

　天皇は日本国および日本国民統合の象徴であり（憲法 1 条），法律の公布など，形式的・儀礼的な国事行為を内閣の助言と承認により行うこととされ（3 条），国政に関する権能を有しないものと定

められた（4条）。

個人の尊重と基本的人権　個人の尊重を宣言する憲法13条や，基本的人権尊重の原理を明らかにする97条は，人権を保障するための法（自由の基礎法）であることが憲法の特徴であることを明らかにしている。それを受けて98条は，憲法が**最高法規**であり，その規定に反する法律や政令等の国家行為が無効となることを定めている。さらに，**違憲審査権**（81条）により，行政だけでなく立法による人権侵害に対しても，裁判所による救済が図られている。

このような基本的な枠組みのもと，近代立憲主義に由来する精神的活動や経済活動の自由の保障に加えて，明治憲法下の人権侵害の経験を踏まえて人身の自由を手厚く保障している点，また社会国家思想を踏まえて生存権などの社会権の実現を定めている点も，日本国憲法の人権保障の特徴である。

平和主義　軍事力の統制は立憲主義の重要な課題である。国際法の世界では，不戦条約（1928年）が侵略戦争を禁止し，**国連憲章**（1945年）が武力行使の原則的禁止を規定し，安全保障理事会を中心とする集団的安全保障体制を予定しているが，国際社会ではなお紛争や武力対立が存在している。

日本国憲法は，第二次世界大戦の惨禍を踏まえて，国際協調主義を採用し（前文・98条2項），武力の行使の放棄，**戦力の不保持**と交戦権の否認を定めた（9条）。しかし冷戦が厳しくなる中，日本政府は，日本への武力攻撃に対する**個別的自衛権**の行使は憲法9条のもとでも禁止されず，自衛のための必要最小限度の実力（自衛

力）も保持できると解釈するようになり，自衛隊を整備充実させて
いく。また，日米安全保障条約の締結（1951年）とその改定
（1960年）により，アメリカを中心とする自由主義陣営の一員と
しての姿勢を強化していった。こうした憲法9条の運用は「解釈
改憲」と批判されたが，最高裁は砂川事件で，日米安保体制に基づ
く米軍の日本駐留は一見明白に違憲とはいえないと判断し（最大判
昭和34年12月16日刑集13巻13号3225頁），自衛隊の合憲性
については憲法判断を回避してきた。9条を改正し自衛隊を正面か
ら憲法に位置づけるべきだという議論とそれに対する反対は，改憲
派と護憲派の最大の対立点となっている。

　1990年代に入ると，国連平和維持活動（PKO）への参加など
自衛隊の海外派遣が行われるようになり，日本に対する武力攻撃な
どがあった際の，自衛隊の活動のあり方や国会の承認，国民保護の
ための仕組み（有事法制）が2000年代に整備された。さらに政府
は2014年，集団的自衛権の行使が例外的に憲法上認められる場
合もある（後の法律で「存立危機事態」と定義された）というように
自らの憲法解釈を変更し，これを受けて2015年には安全保障法
制の見直しのための法改正が行われた。このように，憲法の平和主
義と現実の安全保障政策の緊張関係をどのように解消していくかと
いう問題は，日本の立憲主義の最大の課題であり続けている。

**憲法の2つの構成部分
——人権と統治**

ここまでは，近代以降の法と政治に関
わる普遍的な考え方である立憲主義
（(1)）と，それが日本国憲法にどのよ
うに表れているか，他国の立憲主義と比較して日本国憲法にはどの
ような特徴があるかをみてきた（(2)）。ここから先は，憲法の主要

な構成部分である人権保障（第3章〔10条〜40条〕）と統治機構（第4章〜8章〔41条〜95条〕）のそれぞれについて，基本的人権の内容や限界（**(3)**），国家機関の構成や権限，意思決定の手続等（**(4)**）をみていくことにする。

(3)　基本的人権の保障

基本的人権総論　　基本的人権は，自然権思想を背景に，憲法上の権利として実定化されたものである。人権は，人が人であるが故に当然に有する権利であることから，日本国民だけでなく，日本に在留する**外国人**にも権利の性質上可能な限り保障される。国籍を理由とする不合理な差別は許されず，とりわけ日本に生活の根拠があり，国民とほぼ同様の生活実態をもつ定住外国人については，できるだけ日本国民と同様の保障を認めていくことが望ましいと考えられている。

　団体や法人にも，権利の性質上可能な限り人権保障が及ぶと考えられているが，人権が本来，自然人（個人）の権利であることからすれば，団体内部における少数派の抑圧や，営利企業による労働者や消費者からの搾取のような不当な行為が，団体・法人の人権の名のもとで許容されることのないよう注意する必要がある。

　憲法の保障する基本的人権は，国家権力と個人の関係（公法上の関係）を想定している。これに対して私人間の関係を規律する私法では，私的自治が重視され，私人がお互いの人権に関する利益を契約などによって調整するのが原則である。しかし現実には，大企業など圧倒的に強い者による**私人間の人権侵害**が問題になることも多い。このような社会的許容限度を超えるような侵害に対しては，例えば労働基準法のような法律が私人間の関係を適切に規律すること

が期待される。また裁判所は，憲法の人権規定を考慮して，公序良俗（民法 90 条）などの私的自治を制限する私法の一般条項を適用して，私人間の人権侵害を救済することもできると考えられている（間接適用説）。

| 人権制限の合憲性に
関する判断枠組み

法の支配のもとでは，公権力による国民の権利・自由一般の制限には，法律の根拠が必要である（**法律の留保の原則**）。これに加えて基本的人権の制限には，その法律が公共の福祉に適合するかどうかを，慎重に判断する必要がある。現在の判例は，人権制限によって得られる利益と失われる利益を**比較衡量**するという判断枠組みを採用している。事案に応じて，規制によって得られる利益を立法目的と目的達成手段に分解して捉えて丁寧な比較衡量を行い，**立法事実**（立法の合憲性を支える一般的な社会的事実）が存在しない，あるいは社会の変化により存在しなくなったという理由で，人権を制限する法律を違憲と判断することもある（最大判昭和 50 年 4 月 30 日民集 29 巻 4 号 572 頁など）。しかし一般的にみれば，最高裁は，人権制限を必要と考える国会の判断を尊重して，合憲判決を下す傾向にある。これに対して学説では，裁判所は，問題となる人権の種類や人権制限の態様に応じた**違憲審査基準**を示すことで，判断の透明性や合理性を高めるべきだ，という批判が強い。

| 幸福追求権と平等

幸福追求権（憲法 13 条後段）は，個人が自律的に自律した存在として，自らの生き方を決定し実現する権利であり，法の下の平等（14 条）は人間が個人として根源的に対等な存在として扱われるべきことを求める原

則である。いずれも個人の尊重原理を具体化しつつ，他の基本的人権にとっては総則的な位置づけにある。

憲法の他の明文では認められていない「**新しい人権**」も，幸福追求権を根拠に認められる。例えば，身体・名誉などの人格に対する権利である人格権や，家族の形成・ライフスタイルや医療拒否などに関する自己決定権がある。私生活の平穏を保護する**プライバシー権**も幸福追求権で保障されるが，現代の情報化社会では，個人情報をみだりに利用されない自由が重要になっている（最判平成20年3月6日民集62巻3号665頁）。

法の下の平等は，絶対的・画一的なものではなく，人々の事実上の差異に応じて合理的な根拠のある別異取扱いは許容される。特に憲法24条は，社会生活の基本的単位である家族について，法の下の平等と個人の尊厳を定めている。かつて民法733条は，女性に限って婚姻の解消から6か月間再婚を禁止していたが，最高裁はこのうち100日を超える部分について，法の下の平等に反し違憲と判断した（最大判平成27年12月16日民集69巻8号2427頁。この判決を受けて民法733条は2016年に改正されている）。

　　自由権　　自由権は，個人の自由な活動を国家権力が侵害することを防ぐ権利（**国家からの自由**）であり，近代立憲主義以来，人権保障の中心的地位を占める。自由権は，保障される活動・自由に応じて，精神的自由，経済的自由，人身の自由に区別される。

精神的自由の中では，思想良心の自由（憲法19条），信教の自由（20条1項），学問の自由（23条）が人間の内面的精神活動を保障している。これに対して表現の自由（21条）は，自己の精神活動

を外部に表明して他人に働きかけるという個人にとっての価値だけでなく，世論形成に奉仕し民主主義社会を支えるという社会的な価値も有する点で，立憲民主主義に不可欠な権利だと考えられている。学説では，裁判所は，精神的自由を制限する法律の合憲性は，経済的自由を制限する法律よりも厳格に審査すべきだという考え（**二重の基準の理論**）が有力に唱えられているが，最高裁は公共の福祉を根拠に表現の自由の制限の合憲性を緩やかに認めてきた。

　なお，明治憲法下の国家神道体制への反省から，日本国憲法は，国家と宗教を分離する**政教分離**に関する規定（20条1項後段・3項・89条前段）を置いている。最高裁は，靖国神社の宗教的儀式に県知事が公金を支出した行為が，相当とされる限度を超えた宗教との関わり合いに当たるとして，**違憲**と判断している（最大判平成9年4月2日民集51巻4号1673頁）。

　職業選択の自由（22条1項），財産権（29条）といった**経済的自由**も，個人の自立を支える点で，また自由市場経済を維持する点でも重要な権利である。しかし，自由な経済活動から生ずる弊害を除去する規制だけではなく，経済的・社会的弱者の保護などの社会国家的な規制，さらに公正な競争秩序を維持するための規制も，公共の福祉に適合するものとして認められる。なお，公共事業のための土地収用のように，私有財産に対して特別の犠牲を課す場合には，正当な補償が必要である（損失補償；29条3項）。

　日本国憲法は，明治憲法下の人権侵害の反省を踏まえて，**人身の自由**を手厚く保障している。奴隷的拘束・意に反する苦役の禁止（18条）に加えて，**適正手続**の保障が刑事手続の基本原則として定められている（31条）。さらに逮捕・抑留からの自由（33条・34条）・住居の不可侵（35条）などの被疑者の権利，公平な裁判所の

迅速な公開裁判を受ける権利（37条1項），弁護人依頼権（同条3項）などの被告人の権利，そして拷問・残虐な刑罰の禁止（36条）などが規定されている。こうした憲法の規定は刑事手続を念頭に置いたものであるが，行政手続にもその保障の趣旨が及ぶ場合があると解されている（最大判平成4年7月1日民集46巻5号437頁）。現在では，行政手続法が制定され，特に不利益処分に対しては告知・聴聞の機会を被処分者に与えることを原則とすることなどが定められている。

国務請求権　請願権（憲法16条），国家賠償請求権（17条），裁判を受ける権利（32条），刑事補償請求権（40条）は，国務請求権と呼ばれる。自由権が国家権力に不作為を求める権利であるのに対して，国務請求権は，国民が自己の利益の実現のために国家に積極的な作為を求める権利であり，自由権とともに早くから各国の憲法で保障されてきた。

　法の支配の内容には，行政による国民の権利利益の侵害が裁判により救済されること，行政の適法性が独立の裁判所によりコントロールされることが，含まれる。裁判を受ける権利と国家賠償請求権は，法の支配の実現のために不可欠な権利であり，基本的人権を実現するための基本的人権という性格をもっている。

社 会 権　社会権は，積極国家・社会国家思想の進展とともに，**国家による自由**を基本的人権として保障しようとするものであり，人権保障の体系の中では自由権よりも新しい権利である。

　生存権（憲法25条）は，健康で文化的な最低限度の生活を保障

する権利であるが，憲法の規定だけで直ちに国家に給付を請求できるような具体的な権利ではないと考えられている。生存権を実現するためのしくみとして，公的扶助（生活保護法），社会保障（国民年金法など），社会福祉（児童福祉法など），公衆衛生（地域保健法など）がある。また判例は，「健康で文化的な最低限度の生活」は抽象的・相対的な概念であり，その実現には国の財政事情等も考慮する必要があることを理由に，生存権の実現について広汎な**立法裁量**を認めている。

　教育を受ける権利（26 条 1 項）は，個人が自律した人格を形成するための前提となる教育制度の提供を国家に義務づけている。国民は保護する子女に普通教育を受けさせる義務を負う（同条 2 項）。普通教育における教師の教育の自由も認められるが，教育の機会均等の要請などから国家に教育内容の大枠を決定する権限が肯定される結果として，学問の自由の一環である大学における教授の自由と同程度に保障されるものではないと解されている（最大判昭和 51 年 5 月 21 日刑集 30 巻 5 号 615 頁）。

　憲法は勤労の権利（27 条）に加えて，労働基本権（28 条）を保障する。労働基本権には団結権・団体交渉権・争議権が含まれ，労働組合法などにより具体化されている。公務員の労働基本権には厳しい制限があるが，判例は，公務員の地位の特殊性や，人事院などの代償措置があることを理由に，そのような制限を合憲と判断してきている。

参 政 権　国民の政治に参加する自由（**国家への自由**）が参政権であり，その中心は選挙権（憲法 15 条）である。選挙権成年は以前は 20 歳であったが，2015 年に 18 歳に引き下

げられた（18歳選挙権）。選挙権は権利であると同時に選挙という
国家行為に参加する公務としての性格をもち，選挙犯罪で刑に処せ
られている者の選挙権を制限することも許される。最高裁は，海外
に居住する日本国民に選挙権行使の機会を認めなかったことに，や
むにやまれる理由があったとはいえないとして，違憲と判断した
（最大判平成17年9月14日民集59巻7号2087頁）。

　憲法は，一人一票の原則だけでなく，投じた票の重み（投票価
値）の平等（14条1項）も保障している。国会議員の選挙につい
ては国会が法律で選挙区割りや定数配分を定めるため（44条前段
参照），選挙区間の**一票の格差**が拡大する傾向にあった。判例は国
会の立法裁量を広く認めていたが，次第に厳格な姿勢をとることで，
国会による格差是正の取組みを促している（最大判平成23年3月
23日民集65巻2号755頁など）。

（4）　統 治 機 構

権 力 分 立　　国家権力を性質に応じて区別し，異なる国家機関
　　　　　　に分離したうえで，相互に抑制・均衡させるとい
う権力分立の原理は，立憲主義の要請のなかでも特に重要なもので
ある。日本国憲法は，国会を唯一の立法機関とし（41条），内閣に
行政権を帰属させ（65条），すべて司法権は裁判所に属する（76
条）と定めている。そして，例えば衆議院による内閣不信任と内閣
の衆議院解散権（69条）や，裁判所の違憲審査権（81条）と，内
閣の裁判官任命権（79条1項・80条1項），国会による弾劾裁判
所の設置（64条）のように，国会・内閣・裁判所の間に，抑制・
均衡の関係を定める規定を置いている。

国　会　国会は**国権の最高機関**（憲法 41 条）であるが，権力分立原理からして，内閣や裁判所に優越する地位までは認められない。しかし，主権者である国民に最も近い機関として，立法権（41 条），行政監督権（66 条 3 項），内閣総理大臣の指名権（67 条），条約承認権（73 条 3 号），予算議決権（86 条）など，国政全般にわたる幅広い権限を有している。

　国会は**唯一の立法機関**であり（41 条），一般的・抽象的な法規範の定立はもっぱら国会が「法律」という形式で定めなければならない。実際には，法律事項の一部の定めを法律で政令・府省令に委任すること（委任立法）が行われており，その統制のあり方が問題となっている。

　国会は衆議院と参議院という 2 つの院からなる（42 条；**両院制**）。衆議院と参議院の意思が合致しなければ国会の意思は成立しないことになるが，法律案の再可決や内閣総理大臣の指名・予算の議決・条約の承認などについて，衆議院の議決の優越が定められている。内閣不信任決議や予算の先議権は，衆議院にのみ認められた権限である。衆議院の暴走を抑え多様な民意を反映することが参議院の存在理由と考えられているが，現在の参議院は衆議院とほぼ同様の権限と政党別の構成になっているため，両院制の特徴が活かされていないとの指摘もある。

　両議院はそれぞれ自律的な運営の権限（議院自律権）と国政調査権をもつ（58 条・62 条）。国会議員には不逮捕特権（50 条），歳費受領権（49 条），免責特権（51 条）が保障されている。

内　閣　憲法は，内閣と国会が一応分立しつつ，内閣が国会に対して責任を負う，議院内閣制のしくみをとる。内閣

は行政権の行使について国会に責任を負い（憲法66条3項），衆議院の内閣不信任決議があれば衆議院を解散しない限り総辞職しなければならない（69条）。さらに，内閣総理大臣は国会議員の中から国会の議決により指名され（67条），内閣総理大臣が任命する国務大臣の半数以上は国会議員でなければならない（68条1項）とされており，国会（衆議院）の多数派と内閣の間には強い一体性が生まれることになる。このため，権力分立の力点は，国会と内閣の間ではなく，政府・与党と野党の間に移っているといわれる。内閣は行政権の統括者であり，自ら憲法の定める事務を行うほか（73条），現実に行政事務を担当する行政各部（各省庁等）を指揮監督する（72条）。

　社会国家現象による行政事務の増大とともに，立法から行政に国家運営の中心が移ったといわれるが（**行政国家現象**），日本の場合は，近代国家を形成するプロセスのはじめから，官僚が許認可等をはじめ強い権限をもち，組織的な自律性も高かったことにも注意が必要である。1980年代以降は新自由主義に基づく規制緩和政策が行われ，また，1990年代からは内閣主導・官邸主導を実現するための行政改革が行われた。もっとも，官邸主導が行きすぎた結果として，行政の専門合理性や中立性・透明性が損なわれたと考えて，見直しを求める意見もある。

　人事院や公正取引委員会，国家公安委員会，個人情報保護委員会等は，合議制の機関であり，内閣の監督権が制限されている。このような**独立行政委員会**のしくみも，担当する事務に専門性や政治的中立性が必要であることを前提に，予算や人事等の面で国会によるコントロールが及ぶ限り，憲法65条等に違反しないと考えられている。さらに現在では，法律により設置された独立行政法人に行政

的権限を与える等して，効率的な行政運営が図られている。

| 裁 判 所 | 裁判所が担う**司法権**は，紛争を公正に解決し，基本的人権を救済する任務を負っている。このため**憲法** |

は，裁判官の職権行使の独立（76 条 3 項）を中心に，司法権の独立を保障している。裁判官の身分保障（78 条）に加えて，裁判所の規則制定権（77 条）など，司法部の独立も定められている。これまでの裁判は，技術的・専門的性格が強いことを理由に，もっぱら職業裁判官が担ってきたが，陪審制（国民から選ばれた陪審員が有罪無罪等を決める制度）の実現を求める声もあった。司法制度改革の一環として実現された**裁判員制度**（→ 94 頁）は，国民から無作為で抽出された名簿により，事件ごとに選ばれた裁判員が，職業裁判官とともに，一定の重大な刑事裁判について審理・判決に加わる制度である。

　司法権は，具体的な事件に法を適用し宣言する国家の作用と考えられてきた。具体的な事件とは「**法律上の争訟**」（裁判所法 3 条 1 項前段），つまり当事者間の権利義務ないし法律関係の存否に関する争いであって，法令の適用により終局的に解決できるものをいう。単なる事実の争いや，抽象的な法律問題の争いが提起されても，司法権の範囲外として，裁判所は訴えを却下する。また，他の国家機関の自律性や団体の内部紛争などの事例では，裁判所が当事者間で争いのある前提問題について，当該機関や団体の自律的判断を尊重することもある。

　憲法は裁判の公開を定めている（82 条）。これは裁判の公正と国民の信頼を確保するためのしくみであり，訴訟事件の対審および判決は原則として公開される。これに対して，後見開始の審判など法

律上の争訟ではない手続の公開が，憲法上要請されていないと解されている。これらの非訟事件は，「その他法律において特に定める権限」（裁判所法3条1項後段）として，裁判所の権限に認められているものである。

　行政に加えて立法の裁判的コントロールが，現代立憲主義の重要な課題である。ドイツやフランスでは特別の憲法裁判所が設置されているが，日本はアメリカと同じく，通常の裁判所に違憲審査権（憲法81条）が認められている。判例は，この違憲審査権は司法権の行使に付随して行使できるにすぎないもので，抽象的な憲法問題を直接裁判所に訴えることはできないとしている（最大判昭和27年10月8日民集6巻9号783頁）。このような**付随的違憲審査制**のもとで，最高裁が違憲判決を出すことはまれであったために**司法消極主義**と批判されてきたが，21世紀に入って違憲審査が活性化する傾向がみられると指摘されている（最高裁の法令違憲判決は10件，うち5件が2000年代以降のもの）。

|　地方自治　| 憲法第8章は，地方自治について定める。地方自治には，中央から自立して地方が自らの問題を処理するという分権の意義とともに，住民が身近な問題を議論して決定する中で政治に熟達していくという「民主主義の学校」という側面も期待される。

　地方公共団体の組織・運営に関する事項は**地方自治の本旨**に基づき法律で定める（憲法92条）とされているが，「地方自治の本旨」とは団体自治と住民自治を指す。この保障が及ぶ地方公共団体には，基礎的自治体である市町村および東京都の特別区だけでなく，広域自治体である都道府県も含まれる。

　地方公共団体の長（知事や市長など）は，議会の議員と同じく，住民から直接選挙される（93 条 2 項）。この結果，国の議院内閣制とは異なり，地方では長と議会がともに住民を代表する機関であるということになる（二元代表制）。長と議会の関係は地方自治法に詳しく定められている（→ 152 頁）。

　地方公共団体には自主財政権，自主立法権などが保障されている。地方公共団体の議会が制定する**条例**は，行政機関の政令・府省令とは異なり，法律の授権がなくても制定でき，住民の基本的人権を制限することもできる。ただし，国の法令と矛盾抵触する条例は無効である（94 条）。

参考文献

入門書として，

長谷部恭男『憲法講話——24 の入門講義〔第 2 版〕』（有斐閣，2022 年）

教科書として，

芦部信喜（高橋和之補訂）『憲法〔第 8 版〕』（岩波書店，2023 年）

安西文雄＝巻美矢紀＝宍戸常寿『憲法学読本〔第 3 版〕』（有斐閣，2018 年）

第 **3** 章

法と社会

――領域からみる

1　ライフサイクルをつらぬく法

（1）　個人のライフスタイルと社会，そして法

　私たちは出生して，成人として自立し，そしていつかは生を終える。こうした人間の一生に，法は密接にかかわる。憲法13条が定める個人の尊重は，私たち一人ひとりが自分の生き方（ライフスタイル）を追求する**個人**としてお互いに尊重されるべきことを意味する（→103頁）。その反面，生活に必要な水や食物，エネルギー等を一人で確保することはできない。個人は自らのライフスタイルを追求するためにも，社会を形成し，協働しなければならない。社会規範である法は，紛争の解決や予防を通じて，個人のライフスタイルの追求を守り，助ける役割を担っている（→5頁）。

　ここでは，人間の一生（ライフサイクル）を，①出生から成人として自立するまで，②成人としてのライフスタイル，そして③自律的な能力が弱まり死を迎えるまで，の3つのステージに分けて，法とライフサイクルのかかわりをスケッチする。

（2）　出生から成年になるまでの法

権利能力と意思能力 ｜ 権利義務の帰属主体となることができる資格を権利能力という。すべての人は出生と同時に私法上の権利能力をもつ（民法3条1項）。なお，不法行為による損害賠償請求と，相続・遺贈についてはその時点で出生していない胎児についても，生まれたものと擬制され，その限度で権利能力が認められる（721条・886条・965条）。

　権利能力をもつこととは別に，戸籍法により，出生証明書を添えた出生届に基づき，戸籍に登録することで，出生した子の存在は公に認められる。

　また，権利能力をもつことと，現実に権利をもち義務を負うために必要な行為ができることは，同一ではない。契約（→ 47 頁）のような法律行為を有効に行うためには，権利をもち義務を負うということを認識・判断してそれを外部に発表できる能力（**意思能力**）が必要である（3 条の 2）。出生から 7 ～ 10 歳頃までの子どもは，意思能力を欠いており，法律行為をしても無効である。

　未 成 年 者　成長して意思能力を備えても，未成年者（成年に達しない者）は，法の世界ではまだ自律した個人ではなく，保護や支援を受けるべき存在である。民法は，未成年者が法律行為をするには法定代理人（→ 52 頁。通常は両親）の同意が必要であり，同意のない行為は取り消すことができると定める（5 条）。このように**行為能力**の制限を受けた者を**制限行為能力者**と呼ぶ（→ 128 頁）。民法の成年年齢は 1898 年に民法が施行されて以来，20 歳と定められてきたが，2018 年には 18 歳に引き下げる改正が成立し，2022 年から施行された。

　国会議員等の選挙については，憲法が成年による普通選挙を保障している（15 条 3 項）。言い換えると，未成年者（18 歳未満の者）に選挙権は認められていない（→ 111 頁）。刑事未成年（14 歳未満）や 20 歳未満の者の犯罪については，74 頁参照。

（3）　親子関係と法

　親は子に対する自然的関係によって，子の将来に深い関心をもち，

配慮すべき立場にある。民法は，成年に達しない子は父母の親権に
服すること，親は子の利益のために子の監護教育の権利を有し義務
を負うこと，親権者が子の法定代理人となることを定める（818
条・820条・824条）。親子関係は，婚姻とともに，**家族法**（民法
典の親族編及び相続編）の重要な規律対象である（→ 45 頁）。

　家族に対する法的規律のあり方は，時代や文化によってさまざま
である。第二次世界大戦前の日本では戸主の権限が強い家制度がと
られていたが，日本国憲法は，家族に関する法律は個人の尊厳と両
性の本質的平等に立脚して制定されなければならない（24条2項）
としており，家制度は廃止された。現在の家族法は，核家族のあり
方を前提にしている。婚姻については124頁で述べるので，ここ
では親子関係に関する民法の定めを確認しておきたい。

|実　親　子|親子関係には，血縁関係のある実親子と養子縁組に
より成立する養子がある。実子は，法律上の婚姻|

親子関係には，血縁関係のある実親子と養子縁組に
より成立する養子がある。実子は，法律上の婚姻
による「嫡出子」とそうでない「嫡出でない子」に区別される。**嫡
出子**については，民法は「妻が婚姻中に懐胎した子は，夫の子と推
定する」（772条1項），「婚姻の成立の日から200日を経過した
後又は婚姻の解消若しくは取消しの日から300日以内に生まれた
子は，婚姻中に懐胎したものと推定する」（同条2項）と定めてい
る。なお，2020年に成立した生殖補助医療特例法は，女性が他の
女性の卵子を用いて懐胎し出産した子の法律上の母を，卵子を提供
した女性ではなく，出産した女性としている。

　嫡出でない子は，条文上は，父または母の認知によって法律上の
親子関係が発生する。ただし，母子関係は懐胎または分娩という事
実から明らかなので認知は不要と解されており，実際に認知届が必

要なのは父子関係である。嫡出でない子に対する偏見や差別は長く
社会問題として議論されてきたが，最高裁は 2013 年，嫡出でな
い子の法定相続分（→ 130 頁）を嫡出子の 2 分の 1 とする民法の
規定を法の下の平等（憲法 14 条）に反すると判断し，その際に「家
族という共同体の中における個人の尊重」が確立してきたことを強
調している（最大決平成 25 年 9 月 4 日民集 67 巻 6 号 1320 頁）。

養 親 子　養親子関係が有効に成立するためには，養親となる
者と養子となる者が養子縁組の合意をして，届出を
しなければならない。未成年者を養子にする場合，子の福祉を害さ
ないために，家庭裁判所の許可を得る必要がある。また養子が 15
歳未満の場合は，養子の法定代理人である親権者または後見人が養
子縁組の承諾（代諾）をする（民法 797 条・798 条）。普通の養子
縁組では，養親子関係とともに実親子関係も残るが，実親の同意の
もとで，養親になることを望む夫婦の請求により，家庭裁判所の決
定によって，実親との法的な親子関係を解消したうえで養親子関係
を結ぶ仕組み（特別養子制度）も設けられている（817 条の 2 以下）。
　養子は縁組の日から養親の嫡出子の身分を取得する（809 条）。
養親子関係を解消するには，協議離縁，または一定の離縁原因に基
づく裁判離縁の手続が必要である。

(4)　子どもの福祉と教育に関する法

子 の 養 育　民法は，直系血族（親子，祖父母と孫の関係），兄
弟姉妹の間に，相互の**扶養義務**を負わせている。
家庭裁判所は，特別の事情があるときには，3 等内の親族（おじ・
おばとおい・めいの関係や，父母と子の配偶者の関係等も含む）にも，

扶養義務を負わせることができる（877条）。これらの義務は，扶養者の生活に余裕がある場合に，その限度で困窮している生活扶養者を扶助する義務（生活扶養義務）であるが，親は経済的に自立する前の子（未成熟子）に対しては，進んで自分の生活と同質・同程度の生活を確保する義務（生活保持義務）があるとされている。

| 子どもの福祉 | このように，自立するまでの子の養育は第一次的には親の責任とされるが，将来社会の構成員 |

となる子が自律した個人として成長することは，社会全体の関心事でもある。**児童福祉法**は，保護者と並んで国および地方公共団体も児童の健全育成について責務を負うことを明らかにしている。

　子どもの福祉のための制度には，例えば母子保健制度や保育所保育，児童手当制度がある。少子高齢化の進展を受けて2012年には子ども・子育て支援法が成立した。さらに，経済的格差の拡大や子どもの貧困率の上昇を受けて，2013年には**子どもの貧困対策推進法**が定められ，ひとり親家庭への支援等が行われている。

| 子どもの教育 | 子どもが自律した個人へ成長するためには，教育が不可欠である。憲法は教育を受ける権利を |

保障し，保護する子女に普通教育を受けさせる義務を国民の義務と定め，義務教育を無償としている（26条→110頁）。これを受けて，**教育基本法**は教育の目標・目的，教育に対する不当な支配の禁止等を定め，学校教育法が，各種学校について具体的な規律を置いている。

　このほか地方公共団体の青少年健全育成条例は，青少年の深夜外出の制限，青少年とのみだらな行為の禁止等を定めている。

(5) 職業・労働に関する法

　親，国・地方公共団体，学校等がそれぞれ負っている責務が果たされる中で，子どもは成長する。成人した後は，法の世界でも自律的な個人として扱われ，私法上の行為能力も制限されず，自らの行為によって権利を有し，義務を負うことになる。そうした社会の一員としての活動と法のかかわりは本書全体で扱われているが，ここでは「働く」という営みを考えてみよう。

　個人が自由に職業を選び，遂行することは，**職業選択の自由**（憲法22条1項）として保障される。職業は生計を維持すると同時に，社会の存続と発展に貢献し，個人が個性を全うする活動でもある（最大判昭和50年4月30日民集29巻4号572頁）。進んで憲法27条1項は**勤労の権利と義務**を定めている。勤労の権利を実現するための法律としては，職業安定法や雇用保険法等がある。セクシュアルハラスメント防止のための措置を事業主に義務づけるなど，女性や障害者の勤労の権利を実現する仕組みも定められている（男女雇用機会均等法，障害者雇用促進法等）。

　職業の選択は，自営業だけでなく，企業等の使用者に雇用される場合を含む。前者の場合には商品・サービスを顧客に提供する契約，後者の場合には自分の労働力を企業に提供する雇用契約を結び，その対価として，生活に不可欠な報酬や賃金を得る。

労働法　私的自治の原則のもとで，国家は必要以上に私人間の契約に介入すべきではない。しかし企業と労働者の関係（労働関係）では，企業が一方的に強い立場にあり，労働者が不利な契約を受け入れざるをえないことも多い。そこで憲法は，

国が勤務条件の基準を法律で定めるよう規定し（27 条 2 項），これを受けて**労働基準法**や**労働契約法**が定められている。例えば，客観的に合理的な理由を欠き，社会通念上相当であると認められない解雇は，企業による権利濫用として，無効とされる（労働契約法 16条。この条文のもとになった解雇権濫用法理については→ 159 頁）。

　憲法はさらに，労働者の団結権，団体交渉権，団体行動権（争議権）を保障する（28 条）。これは，交渉力の弱い労働者が労働組合を結成することで，企業との力の差が是正されるよう図ったものである。この**労働基本権**の保障を受けて，**労働組合法**は，正当な争議行為をした労働者については民事・刑事上の責任を免除している（8条・1 条 2 項）。また，労働組合に加入したり組合活動に従事したりしたことを理由として労働者を不利益に取り扱う等の不当労働行為を禁止している（7 条）。労使間の紛争（労働争議）を裁判外で解決するための仕組みである労働委員会制度も設けている（19 条以下）。

| 非正規雇用 | 雇用の流動化や，非正規雇用の増加等の雇用システムの変化によって，多様な労働者の利害をより |

きめ細やかに保護することが求められている。**パートタイム・有期雇用労働法**は，基本給や賞与等の待遇について，通常の労働者との間に不合理と認められる相違を設けてはならないとして，パートタイム労働者や有期雇用労働者の保護を図っている。

（6）　婚 姻 と 法

　働く場面を含めた社会生活の中で，人と人の間にはさまざまな関係が生まれ，その中には友人や恋人といった親密な相手との関係も含まれる。このうち夫婦となること（結婚）を，法律上は**婚姻**という。

　憲法 24 条は，婚姻が両性の合意のみに基づいて成立すること，夫婦が同等の権利を有することを基本として相互の協力により維持されるものであることを定め，個人の尊厳と両性の本質的平等に沿って婚姻制度を定めるよう求めている。それを受けて民法は，婚姻適齢（731 条。男性は 18 歳以上，女性は 16 歳以上だったが，2022 年からは女性も 18 歳に引き上げられた）に達していれば，重婚に当たる等の特別の事情がない限り，当事者の意思が合致して戸籍法の定める届出をすることで，婚姻が成立するとする（739 条）。婚姻の当事者は同居し，互いに協力し扶助し合わなければならず（752 条），親子関係と同じ生活保持義務を負う。婚姻関係から生まれた子との間には，当然に法律上の親子関係が生じる（→ 120 頁）。

婚姻・家族観の
多様化と法

　このような婚姻制度に対しては，婚姻・家族観の変化を受けて，見直しを求める声も出ている。生活の実態は婚姻関係と同じだが届出をしない事実婚のカップルも増えているが，このような内縁関係に判例は婚姻関係に準じた保護を与えており，また，社会保障の場面でも婚姻と同様の給付が認められることが多い。

　最高裁は 2015 年，夫婦が同じ氏を称することを定める民法 750 条の規定は憲法に違反しないが，選択的夫婦別姓に合理性がないわけではなく，制度のあり方が国会で議論されるべきだと判断している（最大判平成 27 年 12 月 16 日民集 69 巻 8 号 2427 頁）。性的指向・性自認にかかる少数者（LGBTQ 等と呼ばれる）に配慮して，同性婚を認める国やパートナーシップ制度を導入する国も増えており，日本でも，どのような法的保護を認めていくかが課題になっている。

DV 等の規制　かつては「法は家に入らず」といわれたが，現在では家庭における個人の尊厳の確保も法の役割である。**DV 防止法**は，配偶者間，特に件数の多い男性（夫）から女性（妻）への暴力（ドメスティック・バイオレンス）に対して，被害者への接近を加害者に禁止することを裁判所が命令する等の仕組みを定めている。ストーカー行為（恋愛感情やそれが満たされなかったことに対する怨恨の感情を充足するためのつきまとい等）やリベンジポルノ（元の交際相手や配偶者に復讐するために私的な性的画像をネット等で公開すること）も，それぞれ別の法律で規制されている。

婚姻の解消　婚姻関係を解消することを離婚という。夫婦が合意して離婚届をだせば離婚できる（協議離婚）。必要な場合には，子の監護について定めたり財産分与などにより，離婚までの間に形成された関係を整理する。一方配偶者が離婚に反対する場合でも裁判により離婚が認められることもあるが，それには婚姻関係の破綻などの離婚原因が必要である（裁判離婚）。婚姻関係の破綻に責任のある配偶者からの請求も一定の要件の下で認められる（最大判昭和62年9月2日民集41巻6号1423頁）。離婚の際には，どちらか一方を親権者に定めなければならない（819条）。

（7）　オカネと法

租　税　私たちは，働いて報酬や賃金を得ること（→ 123 頁）に加えて，商品やサービスを購入し消費する等の経済活動に関して，税金を納めなければならない。憲法は納税の義務（30条）を定めるとともに，租税の要件や徴収手続は法律で定めなければなければならない（**租税法律主義**，84条）としている。租税

とは国や地方公共団体が公共サービスを提供するための資金を調達する目的で私人に課する金銭負担であるが，現代では所得再分配機能や，経済的インセンティブにより社会を誘導する機能をも担っている。租税を負担する能力（担税力）の指標としては所得・消費・資産があり，それぞれ所得税（地方税としては個人住民税）・消費税・固定資産税等が定められている。また，企業の所得には法人税が課せられる。

経済的更正 | 人の一生には，事業経営や不動産購入の目的等で，金融機関と金銭消費貸借契約を結び，借金をすることがある（→165頁）。債務が返済できなかったときに，その後の一生でやり直しが効かないというのは過酷であり，社会的損失も大きい。そこで**破産法**が，債務者と債権者の権利関係を調整し，財産を整理したうえで，債務者の経済的再生の機会を確保するための手続（破産手続）を定めている。裁判所が破産手続開始決定を行うと，破産者の財産の管理は原則として破産管財人に委ねられる。破産者の財産を金銭に換えて債権者に配当する手続が終了すると，裁判所は破産者の免責を許可する。

防貧と救貧 | 憲法25条1項は健康で文化的な最低限度の生活を営む権利（**生存権**）を保障している。それを受けて定められた**生活保護法**は，生活に困窮する国民に対して，困窮の程度に応じて必要な保護を行い，最低限度の生活を保障するとともに，その自立を助長することを目的としているが，扶養義務者（→121頁）からの扶養は生活保護に優先される。生活保護の財源は税であり，保護の水準は厚生労働大臣が定める（8条）。

　憲法 25 条 2 項は，社会福祉・社会保障・公衆衛生の向上および増進に努める責務を国に課している。いわば救貧施策である生活保護に対して，防貧のための施策としては，ひとり親家庭に対する経済的援助である**児童扶養手当**や，生活困窮者自立支援法による住宅確保給付金の支給等，さまざまなものがある。

(8)　病気や高齢化と法

　病気や年齢を重ねることで，人間の健康や判断能力が衰えることは避けられない。そのようなライフサイクルの後半の局面も，成人するまでと同様に，本人の福祉や周囲の家族の負担についても，社会全体としてどのように支えていくかが課題である。そのための福祉サービスの実施や財源の確保のために，法が果たす役割は大きい。

制限行為能力者　　民法は，精神上の障害により，事柄の当否を判断する能力（事理弁識能力）が弱い者について，障害の程度に応じて，成年被後見人・被保佐人・被補助人という 3 つの制限行為能力者の類型を置き，それぞれ成年後見人・保佐人・補助人を付ける仕組みを定めている。119 頁で説明した未成年者も，制限行為能力者の一種である。なお，高齢者が意思能力のない状態で行った法律行為は無効である。

年金・医療・介護　　日本では，老齢・障害による稼得能力の低下に対応するために，国民年金制度と厚生年金保険制度が運用されている。医療については，国民全員を公的医療保険で保障するという理念（国民皆保険）の下，国民健康保険法等による医療保険制度が，病気になった場合の医療費を保障し収

入を補完するとともに，医療サービス体制の整備を支える役割を担う。高齢者の介護サービスについては，介護保険法が定めている。

　これらの社会保障制度では，保険料を拠出して老齢や障害等のリスクに備えるという社会保険方式が採用され，追加的に公費も投入されている。少子高齢化が進むとともに，現役世代の負担が過重ではないかが問題となり，例えば後期高齢者医療保険制度について高齢者の医療費負担を増額するなどの見直しがなされている。

（9）　死と相続

死と法 ｜ 生命は自由・幸福追求と並んで重要な憲法上の法益であり（13条），刑法は殺人だけでなく，自殺関与・同意殺人を処罰の対象としている（199条・202条）。最高裁は**尊厳死**の権利を正面から認めていないが，宗教的理由により患者が施術中の輸血を拒否する意思決定の権利を人格権として保護する判断をしたことがある（最判平成12年2月29日民集54巻2号582頁）。**臓器移植法**は臓器移植の前提として，「脳死した者の身体」を「死体」に含むとしている（6条1項）。

相続 ｜ 相続とは，死者（被相続人）の生前にもっていた財産上の権利義務を包括的に承継することをいう。相続は被相続人の死亡により開始される（民法882条）。子・直系尊属・兄弟姉妹の順に相続人となり，同順位の者が数人いるときは共同して均等の割合で相続人となる。被相続人の配偶者は常に相続人となる。被相続人は相続の割合である相続分を，遺言によって自由に決めることができるが，一定の範囲内の遺族には一定の割合を残すことを民法が定めている（**遺留分**）。被相続人が遺言で指定していな

いときは民法の定める相続分（**法定相続分**）による。遺産を相続した相続人には相続税が課せられる。

参考文献

出生から成人するまでの法の概観として，

大村敦志＝横田光平＝久保野恵美子『子ども法』（有斐閣，2015 年）

家族法の教科書として，

窪田充見『家族法——民法を学ぶ〔第 4 版〕』（有斐閣，2019 年）

労働法の入門書として，

水町勇一郎『労働法入門〔新版〕』（岩波新書，2019 年）

租税法の教科書として，

中里実＝弘中聡浩＝渕圭吾＝伊藤剛志＝吉村政穂編『租税法概説〔第 4 版〕』（有斐閣，2021 年）

社会保障法の教科書として，

笠木映里＝嵩さやか＝中野妙子＝渡邊絹子『社会保障法』（有斐閣，2018 年）

高齢者と法の関わりの概観として，

樋口範雄『超高齢社会の法律，何が問題なのか』（朝日新聞出版，2015 年）

2 人々の暮らしと法

(1) 市民の社会生活における基本的なルールとその修正

　市民の社会生活において形成される法律関係について適用される法の中で，市民間の関係を規律する最も基本的な法律が，**民法**である（→ 45 頁）。例えば，商品が壊れていることを知りながら，店員がそれを隠して顧客に商品を売りつけた場合には，顧客は，民法 96 条に基づいて，詐欺による意思表示の取消しを主張することができる。このように，民法は市民の生活における基本的なルールを提供しており，ここで民法がその規律対象として主として想定しているのは，自由で対等な市民相互の関係である。一般的な「人」の概念を，「消費者」「商人」「事業者」などのように個々の属性に応じて細分化することは可能であるが，民法典では一般的な「人」の概念が維持されており，消費者などの特定の属性を有する人にのみ適用される特別の規定は置かれていない。この点においても，民法が一般市民相互の関係を規律するルールであることが，象徴的に示されている。

　もっとも，現実の社会の中では，大企業と消費者との間で契約が行われる場合など，各当事者が有している情報の量や質・情報処理能力等に関して極めて大きな格差があることも少なくない。このような場合に関し，民法上のルールとしても，当事者間に情報力や交渉力の格差が存在するという状況を踏まえたうえで，消費者に不当に不利な契約を**公序良俗違反**（90 条）により無効とする，といった救済が与えられうる。しかし，そのように消費者側の利益に配慮

したルールの適用を行うとしても，民法の規定は自由で対等な一般市民の関係を規律することを想定したものである以上，それによる保護には自ずから限界がある。

　そのため，消費者や労働者などのように，具体的な社会関係において劣位にある者に対する保護を図るためには，一般法としての民法上の規律とは異なる特別の手当てが必要となる。その結果，民法の規定を補充・修正するさまざまな**特別法**や，さらに私法の外側からその目的を実現するための**行政法的規制**など，多様な法制度が整備されるに至っている。ここでは，それらについて，具体的にみていくことにしよう。

(2)　労働契約の適正化のための法的規制

　契約自由の原則などの市民法上の諸原理を修正して，社会的問題を解決するために定められた法は，**社会法**（→9頁）と呼ばれ，労働法がその典型例として挙げられる。労働法に属するさまざまな法律のうち，労働者の保護と労働関係の安定を図るため，使用者・労働者の間の労働契約の締結・内容決定・変更などに関する民事上の特別ルールを定めているのが，**労働契約法**である。

　例えば，民法627条では，期間を定めずに雇用契約が締結された場合には，雇用者も被用者も，2週間の予告期間をおいたうえで，契約を任意に解消することができる，という原則的な規律が定められている。しかし，労働者にとって解雇は日々の生活の基盤を失うことにもなりうる重大な事態であり，使用者の側からの自由な解雇を認めることは，労働者の生存権を脅かすことにもなりかねない。そのため，労働契約法では，使用者が労働者を解雇する場合には，客観的にみて合理的な理由が必要であり，これを欠く場合には，解

雇権を濫用したものとして解雇は無効となる，との規定が置かれている（16条）。

なお，1日の勤務時間・残業時間の上限や休憩時間の下限など，労働条件の最低限度については，**労働基準法**が規定している。労働基準法が定める基準に達しない労働条件を契約で設定しても，その基準に達しない部分については無効となり（13条），また違反行為に対しては罰金等の罰則も科されることになる（117条以下）。

(3)　不動産の賃借人を保護する特別ルール：借地借家法

また，契約自由の原則に対する例外を定める特別法としては，**借地借家法**もその典型例として挙げることができる。

例えば，私たちが家を借りるときには，家主との間で賃貸借契約を締結することになる。その際に，契約期間を2年と定めた場合，民法上の原則としては，2年の期間が満了することによって契約は終了し，更新について改めて当事者が合意しない限り，契約関係は継続されない。しかし，借地人・借家人は貸主との関係で社会経済的に弱い立場に置かれ，交渉力の面で劣ることが多いため，借主の側が更新を望んだ場合でも，貸主が更新を任意に承諾するとは限らない。したがって，貸主が契約更新について承諾しないときは，借主は契約期間満了をもって借家から退去しなければならないことになる。そこで，**賃借人保護**の観点から契約自由の原則を修正し，賃借人に安定的かつ継続的な不動産利用を保障するため，借地借家法では，民法上の原則に対するさまざまな特別ルールが定められている。借地借家法によれば，上記の事例については，2年の期間満了時に借主が契約の更新を求めた場合，貸主が更新を拒絶しようとしても，**正当事由**のない限り更新拒絶は認められないことになる（6

条・28条）。

（4）　事業者・消費者間の情報・交渉力格差の是正

消費者契約法による
消費者取引の適正化

以上に述べたような不動産賃貸借にお
ける賃借人保護という局面を含め，事
業者との間の契約における消費者の利
益を保護するための法としては，**消費者契約法**が重要な役割を担っ
ている。すなわち，消費者と事業者の間には，それぞれが有してい
る情報の質・量や交渉力に構造的な格差が存在しているため，契約
に際して事業者が消費者に対して強引な勧誘を行ったり，消費者に
とって圧倒的に不利な契約内容が取り決められたりするおそれが少
なくない。そこで，消費者契約法では，消費者契約における不当勧
誘の抑止と契約内容の適正化を目的として，民法の規律よりも事業
者にとってより厳格な内容で，契約締結過程および契約内容に対す
る規制が及ぼされている。

　例えば，民法では故意をもって相手方を騙す行為をした場合にし
か詐欺による取消し（96条）は認められないところ，消費者契約
法では，事業者が消費者に対して事実と異なる説明などがなされて
いる限り，事業者に故意がなくとも，消費者は契約を取り消すこと
ができる（4条）。また，民法上は公序良俗違反（90条）として無
効とされるには至らないケースでも，消費者契約法では，信義則に
反して消費者の利益を一方的に害する契約条項については無効とな
りうる（10条）。すなわち，顧客に一定の役務（サービス）を提供
する契約において，顧客から契約を解除する権利について定める民
法上の規定（651条）は任意規定であり，それと異なる合意がされ
たとしても直ちに公序良俗に反するものとは解されないところ，進

学塾の受講契約の中途解約を許さず支払済みの受講料の返還を認めない旨の特約につき，消費者契約法10条によって無効とされた裁判例がある（東京地判平成15年11月10日判時1845号78頁）。

<table>
<tr><td>集団的な消費者利益を
保護するための各種の
訴訟制度</td></tr>
</table>

さらに，消費者契約法では，個別の契約についてその取消しや契約条項の無効といった規制を及ぼす実体的規律に加え，訴訟に関する手続的規律として，（個別の消費者の救済を目的とするのではなく）集団的な消費者利益を保護するための**消費者団体訴訟**の制度が設けられている。すなわち，消費者取引においては少額ながら拡散的に多数の消費者に被害が発生することが多く，通常の民事訴訟による個別の当事者に対する事後的救済では，十分に消費者の利益保護を図ることが難しい。そこで，消費者契約法では，同種の紛争の事前的抑止を図ることによって消費者一般の利益を擁護することを目的として，一定の要件を満たし認定を受けた適格消費者団体が，消費者に代わって事業者による不当な行為の差止めを求めることができる旨の規定が定められている（12条以下）。例えば，インターネットによる通信販売に関して，商品の配送中の紛失に際して売主は買主に対する損害賠償等の一切の責任を負わない旨の契約条項が定められていたケースでは，事業者側の損害賠償責任を免除する条項は消費者契約法上無効となるため（8条1項1号），適格消費者団体は当該条項を使用した契約の締結を行わないように事業者に求めることができる。

　なお，この消費者契約法上の制度によって認められているのは，不当勧誘行為や不当条項を用いた契約締結行為に対する事前の**差止め**にとどまり，多数の消費者を代表して損害賠償等を請求すること

までは認められていない。この点を補完するため，さらに**消費者裁判手続特例法**によって，消費者自らが訴訟を提起しなくとも，特定適格消費者団体が提起した手続に各消費者が参加する形で，消費者契約における財産的被害の集団的回復を受けることが可能となっている。

（5）　約款による契約の適正化

また，契約に対する法的規制という観点からは，消費者・事業者間の消費者契約であることに着目する方法（消費者アプローチ）だけでなく，契約に際して約款が用いられている場合について，約款による取引であることに着目してそれに対する規制を及ぼすという方法（約款アプローチ）も存在する。**約款**とは，保険約款や銀行取引約定書などのように，当事者の一方によってあらかじめ定式化された契約条項であるが，顧客はそれらの約款の内容を十分に読まないままに契約を締結することが常態化している。この点に関し，約款一般についてどの範囲で法的効力が認められるのかについては，明文の法律上の規定が設けられておらず，不透明な状況となっている。しかし，約款には多様な取引形態に応じてさまざまな内容のものがあり，それらについて統一的に適用される規律を，法律で明文化することは難しい。そこで，約款のうち，契約内容が定型的である（不特定多数の当事者に対して共通な内容の契約となっている）ことが当事者双方にとって合理的な取引（**定型取引**）に用いられる約款（**定型約款**）のみをその規律対象として，定型約款の契約内容への組入れやその変更などに関する規定が民法典に置かれている（548 条の 2 以下）。なお，以上の規定が適用される定型取引としては，携帯電話サービスや銀行取引のように，多数の人々にとって生

活上有用性のある財やサービスが平等な基準で提供される取引など
が，その代表例となる。

（6） 業法規制による消費者保護

契約における消費者の利益保護のための法制度としては，民法や
消費者契約法などによる民事規制に加え，事業者による悪質な行為
や消費者被害などを生じやすい特定の事業を取り上げて規制の対象
とする，いわゆる**業法規制**も重要である。消費者保護に関連した業
法としては，訪問販売や電話通信販売などを規律対象とする**特定商
取引法**，クレジットカードを利用した消費者信用取引などに関する
割賦販売法，株式や国債などの金融商品に関する取引を規律対象と
する**金融商品取引法**，消費者金融などの貸金業者との取引について
規制する**貸金業法**などを挙げることができる。

業法による規制においては，事業者に対して一定の行為（契約に
際しての書面交付義務や説明義務等）を要請する行為規制などの行
政法的規制がその中核であり，違反に対しては改善命令や業務停止
命令などの行政処分による制裁が用いられるのが標準的である。な
お，違反に対して直接に刑事罰を科す直罰規定が定められることも
ある（特定商取引法 70 条以下など）。さらに，業法の中には，以上
の行政法的規制とともに，一定の私法上の効果について規定する民
事規定を導入しているものも少なくない。例えば，訪問販売におい
ては，契約に関する書面を受領した日から 8 日後までは，**クーリ
ング・オフ**によって契約から離脱することができる（特定商取引法
9 条）。このように，業法規制においては，行政規制と民事規制と
を複合的に用いることによって，規制対象となる事業に関係するさ
まざまなレベルの消費者利益の保護が目指されている。

（7）　違法な侵害から権利を守る法：不法行為法

**不法行為による
損害とその塡補**

市民生活においては，市民が自律的に取引関係を形成する場面だけでなく，例えば不注意による自転車の事故で歩行者に怪我を負わせた場合のように，不意の事故などによって法律関係が形成されることがある。このケースでは，自転車に乗っていた人には，怪我をした歩行者が支払った治療費などの損害について賠償する義務が発生することになる。この点に関して規律するのが不法行為法であり，民法 709 条以下に**不法行為**に関する規定が置かれている。

　不法行為法の機能に関しては，被害者に生じた損害の塡補がその主たる機能となる。加害者に対する制裁や加害行為の抑止といった機能は，もっぱら刑法によって担われるべきものであり，不法行為法の規律にも事実上の抑止効果は認められうるとしても，制裁や抑止は少なくとも不法行為法の主要な目的とはならないと考えられている。したがって，自らの不注意によって交通事故を起こした場合には，不法行為法上の責任（損害賠償責任）と刑法上の責任（刑事罰）が発生しうるものの，両者の責任はその目的も要件・効果も異なっており，相互に独立した関係にある。そのため，交通事故の加害者が民事上の損害賠償責任を負う場合でも，刑法上の責任を問われるかどうかはまた別の問題となる。

　なお，英米法系（→ 222 頁）に属する国々の中には，製薬会社が強い副作用の存在を意図的に隠蔽して甚大な薬害を引き起こしたケースなどのように，同種の行為が将来に行われることを懲罰によって抑止しなければならないほどの強い非難が加害者の行為に向けられる場合に，実際に被害者に生じた実損害の数倍に及ぶ**懲罰的損**

害賠償を課す法制度を有している国も存在する。しかし，制裁を目的としない日本の不法行為法のもとでは，そのような懲罰的損害賠償を求めることは認められていない。

|保険制度による危険
分散と被害者救済|

　もっとも，不法行為による損害賠償責任は，実際に生じた損害の賠償の限度での責任にとどまるとしても，人の生命や身体に対する重大な侵害を引き起こしてしまったような場合には，加害者にとっては多額の賠償金を負担しなければならない結果となることは避けられない。そこで，加害者となった場合に備えて事前に保険料を支払っておくことで，事故によって負担する損害賠償責任を保険会社に肩代わりしてもらうことができるという，**責任保険**の制度が普及している。責任保険は，事故による巨額の賠償責任を負うことを回避することができるという点で，加害者となりうる者にとっての利益となるものであるが，加害者の資力に左右されることなく損害の賠償を受けることができるという点では，被害者の救済にとっても有用な制度である。この責任保険のように，事故による重大な結果が自分のみに集中してしまうことを回避するために，保険契約の締結などを通じて，同種の潜在的な危険を負っている者たちとともに形成する集団（危険集団）によってその危険を分散的に負担するための制度が，**保険**である。

　なお，危険の分散によって被害者の損害填補を確実なものとするという観点から，一定の事故が生じた場合に国家や基金が被害者に対して補償することによって損害の填補を行う事故補償制度を採用している国（ニュージーランドなど）もある。このシステムは，事故補償を社会保障制度の中に統合する方向性を示すものであるが，

事故補償に関する大掛かりな社会保障システムを整備・運用することに伴うコスト上の問題もあり，日本ではそのような事故補償制度は導入されていない。

| 不法行為法の体系と
過失責任主義 |

さて，民法の定める不法行為法の構造については，まず，不法行為責任に関する通則的規定として，自己の行為に関する責任について定める規定（709 条以下）が置かれており，ここでの規律対象は**一般不法行為**と呼ばれている。それに続いて，例外的に，他人の行為について責任を負う場合（責任無能力者の監督者の責任〔714 条〕，使用者責任〔715 条〕，請負の注文者の責任〔716 条〕）や，物から生じた損害について責任を負う場合（工作物責任〔717条〕，動物の管理者の責任〔718 条〕）に関するいわゆる**特殊不法行為**についての規定が置かれている。

　一般不法行為について定める民法 709 条は，不法行為に基づく損害賠償請求権の要件として，①被害者の法益（権利または法律上保護される利益）に対する侵害があったこと，②加害者が行為するにあたって故意または過失があったこと，③被害者に損害が生じたこと，④加害行為と損害との間に因果関係があること（具体的には，加害行為と法益侵害の間，および法益侵害と損害との間にそれぞれ因果関係があること），といった各要件について規定している。ここで，故意・過失が不法行為責任の要件とされているのは，「他人に損害を及ぼさないように一定の注意を尽くしてさえいれば，責任を負わされない」という**過失責任主義**の原則に基づくものである。過失責任主義は，過失のない限りにおいて市民生活上の行動の自由を保障するものであり，近代法の諸原則のうちの一つとして位置づけ

られている。

　その意味では，自己の行為や過失に基づかない損害についての賠償責任を認める特殊不法行為の規定は，過失責任主義に対する例外を定めるものとして特徴づけることができる。そのような特殊不法行為の責任については，危険な物や活動を支配している者はそこから生じる損害についての責任を負うべきであるとする**危険責任**の原理や，他者を利用することによって自己の利益を得ている者はその活動に伴う損害についての責任も負担すべきであるとする**報償責任**の原理といった観点に基づくものとして理解されている。

| 不法行為に関する
特別法：過失責任主義
に対する修正 |
| :--- |

　さらに，過失責任主義に対するより直接的な修正が，特別法によって図られている場面があり，その代表例が**製造物責任法**である。例えば，電器店から電気ストーブを購入して使用したところ，ストーブに欠陥があったために突然発火して家が全焼してしまったというケースにおいて，被害者は，売主に対する契約上の責任を追及することも可能であるが，電器店に損害賠償の資力がなかった場合などにおいては，被害者の救済が十分に図られないおそれがある。また，商品の欠陥について製造業者に故意・過失があることを被害者側で立証できれば，不法行為の規定に基づく損害賠償の請求が可能であるが，その立証は必ずしも容易ではないことが少なくない。そこで，欠陥のある商品を製造した製造業者や輸入業者等に対して，その故意・過失を要件とすることなく損害賠償責任を認めたのが製造物責任法であり，製造物の欠陥を要件とする無過失責任を認めたものとして位置づけられる。特別法により無過失責任が課されているその他の例として

は，原子炉の運転等によって生じた原子力損害については原子力事業者が無過失責任を負うとする**原子力損害賠償法**などがある。

　無過失責任を定めるこれらの立法例は，企業の経済活動によって一般市民に生じた損害について被害者の側に過失の立証の責任を負わせることが過大な負担となりうる点などを考慮して，過失責任主義を修正したものである。このように，現代の不法行為法においては，過失責任主義を原則としつつも，それを修正・補完する特別法や保険制度などを通じて，より多元的で充実した被害者救済が目指されている。

参考文献

民法および各種の特別法についての入門書として，

大村敦志『広がる民法 1 入門編 —— 法の扉を開く』（有斐閣，2017 年）

中田邦博＝鹿野菜穂子編『基本講義 消費者法〔第 5 版〕』（日本評論社，2022 年）

水町勇一郎『労働法〔第 9 版〕』（有斐閣，2022 年）

内田勝一『借地借家法案内』（勁草書房，2017 年）

山下友信＝竹濱修＝洲崎博史＝山本哲生『保険法〔第 4 版〕』（有斐閣，2019 年）

窪田充見『不法行為法 —— 民法を学ぶ〔第 2 版〕』（有斐閣，2018 年）

3　組織に関する法

（1）　組織を権利義務の主体とするための制度：法人

　人間が社会にかかわるときには，個人対個人という関係ではなく，自分が組織の構成員として活動する場合や，相手が組織であるという場合も多い。私立学校は学校法人という組織であるし，大規模な経済取引を行っている主体の多くは株式会社という組織である。さらにいえば，市役所のような公的機関も組織として運営されている。ここでは，組織が社会において活動するために頻繁に使用される「法人」の制度を紹介したうえで，法人の一形態である「地方公共団体」「株式会社」「非営利法人」を取り上げる。公的組織，営利組織，非営利組織の3つは，欧米においてはそれぞれ「第一セクター」（官），「第二セクター」（営利組織），「第三セクター」（非営利組織）と整理されることがあり，日本の場合には「地方公共団体」「株式会社」「非営利法人」がその中でも代表的な組織である。

　法　人　　**法人**とは，法によって自然人（人間）と同じように「**権利能力**」を付与された存在をいい，ここで，「権利能力」とは，権利や義務の主体となることができる資格を意味している。つまり，ある組織が法人となることにより，法人としての名前で契約を締結することができたり，法人自身が不法行為責任を負ったりすることになる。これに対し，法人とはなっていない組織の場合は，組織自体の名義で取引等を行うことはできないのが原則である。そのため，取引を行う場合には代表者の単独名義で契約を締

結する必要があるが，その結果，法的な責任は原則としてすべてその代表者一人が負うことになってしまうというデメリットがある。

　法人はその性質によって「**社団法人**」と「**財団法人**」に区別することができる。「社団法人」とは一定の目的のために結合した「人」の集団を基礎として作られる法人であり，構成員である「**社員**」が存在する（一般的な用語法では「社員」とは会社の従業員を意味する場合が多いが，法人に関する法の文脈では，「社員」とは社団法人の構成員を意味することに注意が必要である）。株式会社は社団法人であり，株式会社の社員（構成員）に当たるのが「**株主**」である。後述する非営利法人のうちの「一般社団法人」や「公益社団法人」も社団法人である。これに対して，「財団法人」とは一定の目的のために結合された「財産」の集合を基礎として作られる法人であり，財団法人には構成員である「社員」はいない。財団法人の制度は，財産を個人から切り離し，法人に帰属させて一定の目的（例えば，奨学金支給目的が挙げられる）のために使用したい場合などに用いられる。

(2)　法人の設立と消滅

設　立　**株式会社**（以下，単に「会社」という場合には株式会社を指す）を例に挙げて，法人がどのように設立され，また，消滅するのかを概観しておこう。**準則主義**（法律に従った手続を踏めば，自由に法人を設立できるというルール）により，株式会社を設立しようとする者（発起人）は，会社法に規定されている設立手続を履践すれば，比較的容易に株式会社を設立することができる。具体的には，会社の根本にかかわる規則である「定款」を作成し，誰がいくら出資するかを定めて出資を履行させ（ここで出資をした者がその会社の「株主」となる），取締役等の役員となる者を選び，

法務局で会社設立の登記を行う。こうして株式会社が成立し（49条），発起人や株主となる者から独立した**法人格**（法人としての地位）を取得する。いったん株式会社が設立されると，その後は，株主の集まりである株主総会において選任・解任される取締役や，その会議体である取締役会が，日常の業務の内容を決定し実行していくことになる。これによって上がった利益が株主に分配（**配当**）される。

| 清算または再建 | 自然人（人間）とは異なり，株式会社には寿命がないため，半永久的に存続させることが |

可能であるが，①会社が債務超過（負債の額が資産の額を上回る状態）やこれに準ずる状態に陥っているために，会社の清算または再建が試みられる場合や，②債務超過等には陥っていないものの，何らかの理由（後継者がいないために会社をたたむ場合など）により会社を清算する場合がある。

①の場合には，主に，破産法に基づく**破産手続**，民事再生法に基づく**民事再生手続**，会社更生法に基づく**会社更生手続**といった方法を用いて，会社の清算または再建が行われることになり，これらの手続は「**倒産手続**」と呼ばれる。このうち，破産手続は「清算型」に分類され，事業を中止してその時点での会社財産をすべて換価（売却して現金に換えること）して**債権者**（会社に対して融資をしたり，商品を販売したりして，支払を受ける権利をもっている者）に分配する。これに対して，民事再生手続や会社更生手続は「再建型」と呼ばれ，会社の債務の一部を免除してもらったり分割払いにしてもらったりすることによって会社の事業が継続されなくなることを回避し，会社の事業活動を継続させたうえで，債権者に対して配当を行っていく。

こうした倒産手続の目的は，債権者に対して平等に配当（支払）

を行うことや，債権者が受け取ることのできる金額を増加させることである。ここでいう「債権者が受け取ることのできる金額を増加させる」ということの意味は，「再建型」の手続が利用される場面を想定すれば理解しやすい。今すぐに会社財産のすべてを換価して債権者に配当を行う（これが「清算型」である）よりも，会社の事業を継続させた方が，最終的に債権者が受け取れる金額が増加すると考えられる場合には，「再建型」の手続を利用することが検討されることになる。

　②の場合には，株主総会で会社を「解散」する決議を行い（会社法471条3号），その後，未払いの債務をすべて支払い，最後に残った残余財産を株主に分配することになる（会社法475条以下）。

(3)　「ガバナンス」とは

　組織を適切に機能させるための仕組みを「**ガバナンス**」と呼ぶ。「ガバナンス」という語の固まった定義はないが，①権限の分配を行ったうえで，②割り当てられた権限が正しく行使されているかを監督（**モニタリング**）する仕組みだと説明することができる。どのような組織であれ，組織が大きくなればすべての事柄を関係者全員で決定したり実行したりすることは非現実的となり，効率的な運営のためには，誰かに対して意思決定や執行についての権限を与えることが不可欠となる。そして，権限分配を行った場合には，その権限が適切に行使されているかを監督することが重要になる。

プリンシパル＝エージェント関係	「ガバナンス」について検討する際には，ある者（プリンシパル〔principal〕）が他者（エージェント〔agent〕）に対して，自

分のために行動することを任せているという関係（**プリンシパル＝エージェント関係**）と，これに伴う問題点（**エージェンシー問題**）に着目することがある。

　株式会社の場合，最も大きな権限を割り当てられているのは取締役であり，取締役は会社（またはその出資者である株主）から会社の経営についての権限を委ねられている（実際にも，取締役は株主総会の決議により選任される〔会社法 329 条 1 項〕）。この状況は，プリンシパル（会社や株主）が，エージェント（取締役）に対して，自分のために行動すること（ここでは，利益が上がるように会社を経営すること）を任せている関係だと整理できる。そして，このようなプリンシパル＝エージェント関係においては，エージェントが怠けたり，プリンシパルではなくエージェント自身の利益を追求したりしてしまう（取締役が会社の財産を自己の利益のために使う等）おそれがあるため（これが「エージェンシー問題」である），どうすればエージェントをプリンシパルの利益に沿うように行動させることができるかという課題に向き合う必要がある。148 頁以下で紹介する株式会社のガバナンスに関するルールの中には，株主総会が取締役の選解任権をもっていることや，取締役を監督する監査役の制度があること等，この観点から説明できるものも多い。

| フィデューシャリー | プリンシパル＝エージェント関係と共通点のある概念として，信認関係（フィデューシャリー関係〔fiduciary relationship〕）や**信認義務**（**フィデューシャリー・デューティー**〔fiduciary duty〕）がある。「信認義務」とは，もともと英米における考え方であり，信認関係においてフィデューシャリー（訳すなら「信認を受けた者」「受認者」等とな |

ろうか）の立場にある者は，自己の利益を図ることなく，依頼者の利益のために，必要な注意を払って行動する義務（信認義務）を負う。

　信認関係は，プリンシパル＝エージェント関係の中でも，他者に何かを任せる際に「裁量」等を付与することが不可欠である場面において発生すると整理できる。すなわち，他者に委ねる業務が裁量の付与を必要とする性質をもつ場合（例えば，他者に財産の投資運用を委ねる場合には，どのタイミングでどの金融商品の取引をするかをあらかじめ定めておくことは困難であるため，一定の裁量を与えることが不可欠である）に信認関係が生じる。株式会社についていえば，取締役は，会社や株主から会社経営という，裁量の行使を必要とする事柄を任されているため，フィデューシャリーの立場にあり，信認義務を負うことになる（取締役が負う「善管注意義務」〔会社法 330 条，民法 644 条〕や「忠実義務」〔会社法 355 条〕がこれに当たる）。フィデューシャリーに対して，自らの利益を優先させることなく，依頼者の利益のために適切に行動しなければならないという包括的な義務を課しておくことにより，依頼者になろうとする者（他人に何かを任せることを検討している者）が抱く，フィデューシャリーが与えられた裁量を濫用するのではないかという不安を軽減することができる。

（4）　株式会社のガバナンス

会社法による
取締役の規律付け

　株式会社におけるエージェントでありフィデューシャリーである**取締役**が自らに与えられた職務を適切に遂行することを確保するために，**会社法**ではさまざまな仕組みが用意されている。まず，**株主総会**は，取締役を選任したり解任したりする権限を有している（329条 1 項・339 条 1 項）。つまり，取締役が与えられた職務（会社の経

営）を適切に行っていないと判断した場合には，株主総会は当該取締役を解任する，または任期満了後に再任しないという方法をとることができる。また，取締役が「**善管注意義務**」（330条，民法644条）や「**忠実義務**」（会社法355条）に違反して会社に損害を与えた場合には，株主は，「**株主代表訴訟**」という仕組みを用いて，株主自身が原告となり，取締役が会社に対して負う損害賠償責任（423条）を追及することもできる（847条）。そして，株主がこれらの方法を用いるためには，その前提として会社の経営状況や取締役による業務執行についての情報を得ることが必要となるところ，会社法では会計帳簿閲覧謄写請求権（433条1項）といった情報の開示についての制度も置かれている。さらに，取締役を監督することを職務とする「**監査役**」（381条以下）の制度が置かれるとともに，取締役自身も，自分以外の取締役を監督する義務を負っている（362条2項2号）。

　このように，会社法では大きな権限を付与された取締役を監督するためのさまざまな仕組みが設けられているが，取締役が関与する計算書類の不適切記載や会社資産の不適切使用といった不祥事の例は後を絶たず，実際に取締役を監督することの重要性と難しさが再認識されている。

コーポレート ガバナンス・コード	株式会社のガバナンスに関しては，2015年に金融庁と東京証券取引所が原案をまとめた**コーポレートガバナンス・コード**

（2018年改訂）をはじめとする**ソフトロー**（法律や政令といった厳格な法規範ではない規範。ソフトローについては211頁も参照）の仕組みにも注目が集まっている。コーポレートガバナンス・コードは法令ではなく，東京証券取引所が定める有価証券上場規程において，

その趣旨・精神を尊重することが要求されている。コーポレートガバナンス・コードの特徴は，具体的で詳細なルールを定めるのではなく，大づかみな原則（プリンシプル〔principle〕）を示す「**プリンシプルベース・アプローチ**」が採られていること，また，各社がコードに示されている施策を実施する（コンプライ〔comply〕）ことが適切でないと考える場合には，「実施しない理由」を説明する（エクスプレイン〔explain〕）ことも想定されるという「**コンプライ・オア・エクスプレイン**」の手法が採用されていることである。こうした特徴により，各社が自社にとって最適なガバナンスを追求することが期待されている。

公益通報者保護法　このほか，2006 年には「**公益通報者保護法**」が施行されている。企業の違法行為は従業員による内部告発によって明らかになる場合が多いが，内部告発者に対して解雇や減給といった不利益な取扱いが行われるおそれがあると，従業員が内部告発を行うことを躊躇することも考えられる。そこで，公益通報者保護法は一定の違法行為を内部告発した従業員に対して不利益な取扱いを行うことを禁止しており，違反行為の抑止や自浄作用の向上につながることが期待されている。

社外取締役　株式会社のガバナンスに関連して近年注目されているのが「**社外取締役**」（会社法 2 条 15 号）の制度である。欧米の制度を参考として 2002 年に導入された制度であり，取締役のうち，過去 10 年間にその会社の使用人（従業員）であったことがないといった一定の要件を満たす者を指す。

　149 頁で紹介したように，取締役は自分以外の取締役を監督す

る義務を負っている。また，会社経営の中心となる代表取締役は取締役会の決議によって選解任されることになっており（会社法 362 条 2 項 3 号），取締役会は適切な代表取締役を選び，またその代表取締役の仕事ぶりを評価するという重要な役割も負っている。この点，日本の会社の場合には取締役のほとんどは従業員出身者であり，取締役相互間には長年にわたって同僚であったという関係があるため，互いを厳しく監督・評価することは難しいのではないかということが指摘されてきた。これに対し，しがらみのない社外取締役を置くことで，監督の実質を充実させることが期待されている。

社外取締役については，これを活用する方向での法制度の整備が進み，2019 年の会社法改正により，上場会社には社外取締役を少なくとも 1 名は置くことが義務づけられた。また，2018 年に改訂されたコーポレートガバナンス・コード（→ 149 頁）では，「上場会社は……独立社外取締役を少なくとも 2 名以上選任すべきである」という原則が採用されている。

（5） 非営利法人のガバナンス

| 非営利法人 | **非営利法人**とは，構成員に対して利益を分配することが禁止または制限されている法人をいう。株式会社の場合には，事業によって上がった利益を株主に分配（配当）することが予定されているのに対し，非営利法人においては利益を上げること自体は禁止されないが，上がった利益を構成員に分配することは禁止・制限される。

非営利法人の例としては，一般社団法人及び一般財団法人に関する法律（**一般法人法**）に基づき準則主義（144 頁参照）によって設立が可能である一般社団法人・一般財団法人や，この一般社団法

人・一般財団法人が，公益社団法人及び公益財団法人の認定等に関する法律（**公益法人認定法**）に基づき公益認定を受けたものである公益社団法人・公益財団法人が挙げられる。公益認定を行うのは行政庁であり，公益認定の際には，内閣府や各都道府県に設置され民間の有識者からなる合議制の委員会（このうち内閣府に設置されるものを「**公益認定等委員会**」という）に対して行政庁から諮問が行われる。公益認定を受けることで税制上の優遇を受けることができる。こうした法人の仕組みは，たとえば奨学金を支給する組織やスポーツ団体において用いられている。このほかの種類の非営利法人として，特定非営利活動促進法（**NPO法**）に基づいて設立される特定非営利活動法人（**NPO法人**）がある。

| 株式会社との
共通点と相違点 | 非営利法人のガバナンスには，株式会社のガバナンスとの共通点もある。非営利法人の運営は株式会社の取締役に当たる「理事」やそ |

の会議体である「理事会」によって行われ，理事や理事会には多くの権限が与えられている。そして，理事を監督するための機関として，株式会社の監査役に当たる「監事」の仕組みが設けられている。

その一方で，非営利法人と株式会社とは，法人に対して経済的利益をもつ構成員の有無という点において決定的に異なる。つまり，株式会社の場合にはその利益は最終的に株主に分配されることが予定されているため，株主は取締役の仕事ぶりに関心をもち，取締役が不適任であると判断した場合には，株主総会決議によってその取締役を解任するといった対応をとる可能性がある。これに対して，非営利法人の場合には，利益を構成員に分配することが禁止・制限されていることから，経済的なインセンティブに基づいて理事を監

督する者が存在しない。このように，非営利法人のガバナンスには
脆弱性があることから，非営利法人に対して寄付などの資金提供を
行おうと考える者が，当該法人は十分な情報開示をしているか，寄
付金は本来の目的に使用されているか，といった点に留意して，適
切な非営利法人を選択していくことが重要になる。

　なお，非営利法人の中でも公益認定を受けた公益社団法人・公益
財団法人については，行政庁による一定の監督の仕組みが設けられ
ており，行政庁による勧告や命令に従わなければ公益認定が取り消
される可能性もある（公益法人認定法 27 条以下）。

(6)　地方公共団体のガバナンス

長と議会 ｜ 都道府県・市町村などの**地方公共団体**には，議決
機関として意思決定を行う議会と，執行機関であ
る長，委員会，委員が置かれている。このうち，長と議会の議員に
ついては，憲法上，住民が直接公選することが要求されており
（93 条 2 項），長と議会は，いずれも，住民から選挙によって選出
されたという意味での正統性をもつ。このように長と議会の議員を
直接公選する仕組みは**「二元代表制」**と呼ばれる。地方自治法には，
長が議会の議決に対する拒否権を有し（176 条），議会は長に対す
る不信任議決をすることができる（178 条）など，両者が抑制と均
衡を保つ仕組みが設けられている。これは，国の**「議院内閣制」**
（内閣総理大臣は国会議員の中から国会の議決で指名され，内閣は行政
権の行使について国会に対して責任を負う）とは異なる。

　地方公共団体の組織について規定している**地方自治法**は，長に権
限を集中させており，長は地方公共団体を総括・代表し（147 条），
地方公共団体の事務を管理・執行する（148 条）権限をもつ。ただ

し，政治的な中立性が要求される行政事務については，選挙管理委員会や人事委員会，教育委員会，監査委員といった委員会・委員の制度が設けられている。

　また，地方公共団体の住民は，地方公共団体の執行機関（長・委員・委員会）や職員の財務会計行為の違法性・不当性について，統制を求めることができる。これは，監査委員に対する**住民監査請求**（242条）と，裁判所に対する**住民訴訟**（242条の2）の2段階に分かれている。これも，長を含めた執行機関による適切な事務の執行を担保する効果を有する制度だと評価することができる。

> **情 報 公 開**

　なお，上記の住民訴訟を含め，住民が行政活動をチェックするためには，行政活動に関する情報を取得することが不可欠である。この点，ほとんどの地方公共団体は情報公開条例を制定して開示請求権を認めており，これは行政機関の保有する情報の公開に関する法律（**情報公開法**）3条に規定される開示請求権に相当する。この開示請求権の特徴は，利用目的を問わず，請求者自身が利害関係をもっていない文書についても開示を請求できる点にあり，自己が利害関係をもたない文書についても開示請求権が認められる理由は，情報公開制度が住民に対する説明責任（**アカウンタビリティ**。情報公開法1条は「政府の有するその諸活動を国民に説明する責務が全うされるようにする」と定めている）を果たすために設けられた制度であることから説明することができる。

（7）　地方公共団体，株式会社，非営利法人のかかわり

　ここまで，地方公共団体，株式会社，非営利法人についてそれぞれみてきた。ここで，これら3つの類型に属する組織が協働する

ことで価値が生み出される可能性にも注目しておきたい。

株式会社と
非営利法人の連携

株式会社の目的は会社の利益を最大化することであると考えられているが，その一方で，株式会社の社会における存在感の大きさから，株式会社に対しては社会の利益を考えた行動をすること（会社の**社会的責任**〔Corporate Social Responsibility, **CSR**〕）や，国連サミットで採択された「持続可能な開発目標」（Sustainable Development Goals, **SDGs**）の達成に向けた取組みを行うことも期待されている。株式会社がこうした活動に取り組む際には，例えば，株式会社が資金を拠出して公益財団法人を設立し，この公益財団法人が特定の社会課題の解決に取り組む団体を選定して助成金を支給するといった方法により，効果的に活動を行える可能性がある。また，日本では存在しない制度ではあるが，アメリカの複数の州ではベネフィット・コーポレーション（Benefit Corporation。訳出するなら「社会的目的会社」となろうか）と呼ばれる，構成員に利益を分配する営利法人でありながら，一定の社会的な目的を会社の目的として掲げている，いわゆる営利法人と非営利法人のハイブリッドともいえるような法人制度が立法化されている。

地方公共団体と
株式会社・非営利法人
との協働

地方公共団体が株式会社や非営利法人と協働して事業を行う**官民連携事業**（Public Private Partnership, **PPP**）も注目される。官民連携事業の１つの手法として挙げられる **PFI**（Private Finance Initiative）事業は，公共施設（給食センター等）の整備等にあたって，資金調達から設

計，建築，完成後の維持管理までをまとめて 1 つのパッケージとしたうえで，民間の事業者に提案競争をさせ，優れた提案を行った事業者に事業を行わせる方法である。官民の連携の手法としては，PFI のほかにも，特定の施設の運営を民間事業者に代行させる**指定管理者制度**（例：図書館の運営を指定管理者に代行させる）や，個別の業務の執行を民間に託する**民間委託**（例：学校給食の提供業務の委託）等がある。官民連携事業を適切に活用することにより，民間企業のノウハウを生かして効率的な業務を行い地方公共団体の支出を少なくすることや，地域経済を活性化することが期待されている。

参考文献

会社法のルールを丁寧に説明した教科書として，

伊藤靖史＝大杉謙一＝田中亘＝松井秀征『会社法〔第 5 版〕』（有斐閣，
　　2021 年）

倒産法のルールを分かりやすく解説した教科書として，

山本和彦『倒産処理法入門〔第 5 版〕』（有斐閣，2018 年）

コーポレート・ガバナンスについての初学者向けの解説として，

仮屋広郷「コーポレート・ガバナンスへの視座」法学セミナー 648 号
　　（2008 年）11 頁

英米法に由来するフィデューシャリーの概念について，

タマール・フランケル著（溜箭将之監訳）『フィデューシャリー――「託
　　される人」の法理論』（弘文堂，2014 年）

非営利組織の全体像を扱った教科書として，

雨森孝悦『テキストブック NPO〔第 3 版〕』（東洋経済新報社，2020 年）

行政法の入門書として，

原田大樹『グラフィック行政法入門』（新世社，2017 年）

4　市場にかかわる法

（1）　契約自由の原則と強行規定・任意規定

強行規定と任意規定　　　　会社や個人事業主は，利益を上げるために取引を行う。その際，誰とどのような条件で取引するかは，当事者が自由に決めることができるのが原則である（**契約自由の原則**）（→ 48 頁）。

ただし，法令のうち「**強行規定**」（公の秩序に関する規定であり，これに違反する当事者の合意は無効となる）によって定められたルールは，契約によって排除することはできない。例えば，消費者を保護するためのルールが含まれている「**特定商取引に関する法律**」には，業者と顧客との間で行われた訪問販売等の一定の契約については法定の期間内であれば顧客側から取り消せるという，いわゆる**クーリング・オフ**の規定が置かれており（9 条等），この規定は強行規定だと解される。そのため，訪問販売の取引において売買契約にクーリング・オフはできない旨の特別の合意（**特約**）を置いたとしても，この特約は無効である。

強行規定が置かれる理由はさまざまであるが，理由の 1 つは，情報や経済力，判断力の不足により弱い立場に立たされる可能性が高い当事者（上の例では顧客）を保護する必要があることに求められる（→ 131 頁）。

以上で述べた「強行規定」に対し，「**任意規定**」が定めるルールについては，当事者がこれと異なる特約をした場合には任意規定のルールは排除されるが，特約がない場合には任意規定のルールが適

用されることになる。例えば，売買契約の締結後に売買の目的物が
売主の責めに帰することができない理由（自然災害等）によって滅
失した場合に，買主と売主のどちらが損害を負担すべきか（この場
合には，売主は代金の受領ができないのか，それとも，買主は代金を
払わなければならないのか）という問題について，契約書に規定が
ない場合には，民法 567 条に従って解決されることになる。

商 事 売 買　取引が「商人」の間で「商行為」として行われる
場合には，商法が規定する商事売買のルール
（524 条から 528 条）が適用されることになる。これらは任意規定
である。「商人」，「商行為」の定義は複雑だが，例えば客に販売す
る目的で品物を仕入れることは「商行為」に当たり（501 条 1 号），
これを業とする者は「商人」に当たる（4 条 1 項）。商事売買にお
いては取引の簡易・迅速性の要請が大きく，また，買主も専門的知
識をもつ商人であることから，民法が定める一般の売買のルールと
は異なるルールが設けられているのである。例えば，買主は売買の
目的物を受領したら遅滞なくその物を検査しなければならず，この
検査の結果，数が足りないことを発見した場合には，直ちに売主に
対して通知を発しなければ，不足分の納品や代金の減額の請求がで
きないことになる（526 条 1 項・2 項）。商法には，ここで述べた
商事売買のルール以外にも，「商人」や「商行為」に対して適用さ
れるルールが多数規定されている。

（2）　裁判例による契約内容の解釈

すでに締結された契約をめぐって争いが生じた場合には，紛争が
裁判所にもち込まれることになる。裁判所が当事者間でどのような

合意がなされたのかを認定する際には，原則として，契約書の文言にどのように書かれているかが尊重される。ただし，裁判所が当事者間に契約書の文言そのものとは異なる合意がされていたと考え，契約書の文言を，字句そのままの意味とは異なる内容に解釈する場合もある。

継続的取引の終了

継続的取引（企業間において継続的な取引関係が形成されていること）の事案の中には，裁判所が，契約を終了させることができる場合を限定的に解釈することで当事者を保護する役割を果たした事例が複数みられる。次の契約条項をみてみよう。「期間満了の3ケ月前迄に甲又は乙から契約内容の変更又は契約を継続しない旨の申し出のないときは，この契約は同一の条件で更に1年間継続するものと」する。この契約は田植機のメーカー（Y）とその特約代理店（X）との間で締結された，XがYの田植機を北海道において独占販売するという内容の契約の一部であり，文言をそのまま読めば，当事者は自由に契約を継続しないという申し出ができ，当事者が期間満了の3か月前までにこの申し出をすれば，期間満了によって契約は終了するという内容の合意であるように読める。この文言に基づき，取引開始から16年目に当たる時点で，メーカーであるYが契約を終了させる旨の通知を行った。札幌高決昭和62年9月30日判時1258号76頁は，当該契約が締結された経緯やこの契約が田植機の代理店契約であり，当該条項については，契約の廃止ではなく自動延長の点に主眼が置かれていること，Xは契約以来多大の資本と労力を投入していること，本件契約がYの通告によって終了するものとすると，Xは莫大な損害を被るのに対し，YはXがこれ

までに開拓した顧客や販路といった販売権益を手に入れることができることになること等を指摘したうえで，更新拒絶をすることができるのは「契約を終了させてもやむを得ないという事情がある場合」に限ると解することで，不利益を被る当事者（X）を保護した。

|解雇権濫用法理| 「**解雇権濫用法理**」を定立した裁判例についても，上記の裁判例と共通点があるといえるかもしれない。判例（最判昭和 50 年 4 月 25 日民集 29 巻 4 号 456 頁）は，解雇は①客観的に合理的な理由を欠き，②社会通念上相当であると認められない場合には，権利の濫用として無効になるとする「解雇権濫用法理」を定立し，採用している。そのため，会社と従業員との間の雇用契約において，会社が自由に従業員を解雇できる旨が明確に規定され，両者がこれに合意していたとしても，この法理に抵触する解雇は無効とされる。この法理は当事者の合意の内容の解釈を行っているのではなく，当事者が合意したとおりの行動をとることが権利濫用に当たると評価しているという点で上記の継続的契約の裁判例とは手法が異なるが，裁判所が契約書の文言と異なる結論を導いて一方当事者を保護するという点においては共通している。なお，当初判例によって採用された解雇権濫用法理は，その後，労働契約法 16 条に明文化された（→ 124 頁）。

（3）　取引や行動を制限する法

特定の取引や行動を制限するルールもある。私的独占の禁止及び公正取引の確保に関する法律（**独占禁止法**）では，①競争を停止する行為や，②すでに競争にさらされない独占的な立場にある事業者が取引の相手方を搾取する行為等を制限している。

カルテル　　①競争を停止する行為として代表的なのは，「**カ
ルテル**」と呼ばれる行為であり，複数の事業者が，
ある商品の現在の価格を一斉に引き上げる内容の協定を結んだ場合
（価格カルテル）等がこれに当たる。本来であれば事業者同士が競
争して商品の品質向上や価格低下を目指し，買い手としては競争し
ている事業者の商品の中から選択する機会が与えられるはずであっ
たところ，競争者間でこうした合意が行われてしまうと競争が行わ
れなくなってしまうために，カルテルは禁止されている（「**不当な
取引制限**」として，独占禁止法2条6項・3条で禁止される）。

優越的地位濫用　　また，②すでに競争にさらされない独占的な
立場にある事業者が取引の相手方を搾取する
行為について，独占禁止法では「**優越的地位濫用**」を禁止する規定
を設けている（独占禁止法19条は事業者が「**不公正な取引方法**」を
用いることを禁止しており，「不公正な取引方法」の一つとして，「優
越的地位」を濫用することが禁止されている）。一例として，コンビ
ニエンスストアの運営会社である A 社が加盟店に対して廃棄期限
が近づいた弁当を割り引いて販売することを禁止していた事案にお
いて，**公正取引委員会**は，これが優越的地位の濫用に当たるとして
排除措置命令を出した（公取委命令平成21年6月22日審決集56
巻2分冊6頁）。コンビニエンスストアの加盟店となっている者にと
っては，A 社との契約を終了することに伴うコストが大きいこと
から A 社との契約をやめるわけにはいかず，加盟店は A 社による
要求に従わざるをえない立場にいる。A 社が優越的地位にあること
を利用して加盟店に不利益を与えることが問題とされた事案である。
さらに，「優越的地位濫用」の規制についての特別法的な役割を果

たす法律として，「**下請代金支払遅延等防止法**」があり，下請事業者に対する代金減額や著しく低い代金の設定などを禁止している。

　　　　　　なお，「不当な取引制限」や「優越的地位濫用」と
課　徴　金　いった独占禁止法の違反行為は，**課徴金**の対象となる。このうち「不当な取引制限」に対する課徴金については，2005 年改正により，違反行為に関する報告・資料提出をした違反者に対して課徴金の減免の恩典が与えられる「**リニエンシー**」と呼ばれる制度が導入されている。違反行為の発見や証拠の収集に役立つとともに，違反行為を行うことのリスクを高め，違反行為を抑止することが期待される（課徴金について，176-177 頁も参照）。

（4）　関係特殊的投資を行った当事者の保護

　ここまでに紹介した事例の中には，「**関係特殊的**（relation specific）**投資**」が行われる場面であるという点で共通点を見出せるものがある。「関係特殊的投資」とは，特定の相手方との関係では価値があるが，それ以外の相手方との関係では価値をもたない種類の投資（金銭に限らず，労力や時間も含む）を意味し，158 頁で挙げた継続的取引の事例において特約代理店がメーカーの田植機の販売網の拡大のために投入したコストや，雇用契約の当事者である従業員がその会社でしか役に立たない知識や技術を習得するためにかけた労力や時間，160 頁で挙げたコンビニエンスストアの加盟店が店舗を開くために支払った改装費用，下請事業者が注文された汎用性の低い特殊な部品を設計・製造するために費やしたコストなどがこれに当たる。

　取引開始後に当初想定していなかった問題が起きた場合，関係特殊的投資を行った側の当事者は取引関係が中止されることによる損

失が大きいために，大幅な譲歩をせざるを得ず，弱みに付け込まれる可能性がある（これを「**ホールド・アップ**〔hold up〕**問題**」という。なお，将来起こりうる出来事をすべて想定したうえでこれに対する対応の仕方を定めた契約〔**完備契約**（complete contract）〕を締結することは不可能である）。

そうすると，将来弱みに付け込まれることを恐れて適切な量の関係特殊的投資が行われなくなってしまう（過少投資）可能性があることから，過少投資になることを回避するために，関係特殊的投資を行った当事者を保護する必要があるとする考え方がある。158頁や160頁で紹介した裁判例・審決や「優越的地位濫用」禁止のルールは，この考え方と整合的に理解することもできる。ただし，こうした議論に対しては，個別の関係特殊的投資について，そもそも最適なレベルと比べて不足していて保護すべき状況なのか否かを検討する必要があるという点を含め，議論を精緻化する必要性も指摘されている。

（5）　国際商取引に関する法

国 際 取 引　　輸出入を行う場合など，商取引の当事者が異なる国に所在する場合には，複雑な問題が生じる。取引についてどの国の法が適用されるのかを検討する必要があり，また，法の内容は各国で異なるためである。

国際私法に関する問題については206頁も参照されたいが，国際商取引について紛争が生じた場合には，**法廷地**（裁判手続が行われる場所。当事者間で契約によって定められている場合も多い。日本法では民事訴訟法3条の2から3条の12等が法廷地に関するルールを定めている）における**国際私法**（準拠法を定める法律）によって**準拠法**が定まる。日本における国際私法である「**法の適用に関する通**

則法」によれば，当事者によって準拠法が選択されていればこれに従うことになるし（7条），当事者による選択がない場合には，その法律行為に最も密接な関係がある地の法によるというルールが適用される（8条）。つまり，日本の裁判所において裁判手続が行われる場合であっても，当事者間で「シンガポール共和国の法を準拠法とする」といった合意がされている場合には，シンガポール共和国法が適用されることになる。

| ルールや書式の統一

各国のルールが異なる中で，国際売買取引については，適用されるルールや書式の統一化といった試みが進められている。こうした動きは，あらかじめ契約条件や当事者の権利義務を明確にして当事者の予測可能性を高めたり，個々の外国法を検討するコストを削減したりすることにつながる。

　例えば，国際物品売買については，条約の形で各国法とは異なる**統一法**が定められ，広く活用されている。**UNCITRAL**（アンシトラル，国連国際商取引法委員会）によって作成された1980年の「国際物品売買契約に関する国際連合条約」（ウィーン売買条約）は，売買当事者それぞれの営業所が異なる国に所在し，これらの国がいずれも同条約の締約国である場合等に適用される。日本も，2008年に同条約に加盟している。

　また，契約の内容についても，国際機関や業界団体などが作成した「**標準契約書式**（model contract form）」が存在する場合があり，当事者がこれを使用することに合意した場合には，その標準契約書式に規定された条件が個別の契約の内容となる。

　さらに，国際売買契約においては**CIF**（Cost, Insurance and

Freight の略。運賃保険料込）条件や **FOB**（Free on Board の略。本船渡）条件といった「**定型取引条件**」が用いられることが通例であるところ，この定型取引条件を明確にするための動きもある。「定型取引条件」は船や保険の手配を売主と買主のどちらが行うのか，危険（売主側に責任のない理由で商品が滅失した場合の損害）を売主と買主のどちらが負担するのか，といった諸条件を定めており，国際売買契約においては，船舶による輸送を伴うことや，輸送の際に商品が滅失する可能性もあることから必要とされる。そして，こうした定型取引条件の定義や解釈を明確にするために，国際商業会議所が作成した「貿易取引条件の解釈に関する国際規則」（International Commercial Terms を略して **Incoterms**〔インコタームズ〕と呼ばれる）が広く用いられており，このインコタームズは，売買の当事者が契約書中で「インコタームズの解釈に従う」旨を表示した場合に適用される。

　このほか，私法統一国際協会は，国際商事契約の一般的規範を示すことを目的とした **UNIDROIT**（ユニドロワ）**国際商事契約原則**を作成しており，これは，国際的商慣習を成文化された形で示そうとする試みであると評価されている。

(6)　融資に関する法

資金調達の方法　企業が事業活動を行うためには，その元手となる資金を調達する必要がある。株式会社が資金調達を行う手法としては，大きく分けて，株式を追加で発行してこれに伴う払込金を得る方法（**新株発行**。株主から出資を受ける方法であり，こうした株主資本をエクイティ〔equity〕とも呼ぶ）と，銀行などから資金を借り入れる方法（こうして獲得する資金の性質は

負債・デット〔debt〕である）がある。日本では，企業の資金調達の主たる手段は銀行からの借入れである。会社が銀行から資金を借り入れるという取引は，民法 587 条の**金銭消費貸借契約**に当たる。

|人 的 担 保|

借入れの際には，多くの場合，人的担保や物的担保が行われる。**人的担保**は，主たる債務者のほかに保証人になる者を立て，保証人になる者と債権者（ここでは貸し手である銀行）との間で**保証契約**を締結することによって行われる。保証人は自ら保証債務を負い，主たる債務者である借入企業が借入金の返済という債務を履行しない場合には，その履行をする責任を負うことになる（民法 446 条 1 項）。さらに，保証人となる者が主たる債務者と「連帯して」債務を負担するという内容の合意がされている場合，これを「**連帯保証**」と呼び，この場合には，債権者は先に主たる債務者に対して返済の催告をしなくても，連帯保証人に対して債務の履行を請求することが可能となる（454 条）。保証人・連帯保証人が保証債務の履行をした場合には，保証人・連帯保証人は主たる債務者に対して求償を請求することができるが，現実には主たる債務者には支払能力がなく，保証人・連帯保証人は求償を受けることができない場合も多い。なお，中小企業が借入れを行う場合には，その会社の取締役が個人の立場で連帯保証人となることが要求される場合も多いといわれる（**経営者保証**）。

|物 的 担 保|

物的担保とは，例えば，借入企業が保有している不動産に**抵当権**（民法 369 条 1 項以下）を設定することをいう。抵当権は，抵当権設定者（ここでいう借入企業）と抵当権者（ここでいう銀行）との間で**抵当権設定契約**を締結する

ことにより設定される。そして，被担保債権（抵当権によって担保される債権のこと。ここでは，銀行がもっている弁済をしてもらう債権）について債務の履行が行われない場合には，抵当権者は，民事執行法が定める手続に従って抵当権の実行を申し立て，抵当権が設定されている不動産を競売によって現金に換価したうえで競売代金から優先的に配当を受けることになる。

融資に関する責任 ｜ 銀行などの金融機関からの融資をめぐって法律上の紛争が生じることもある。

銀行は株式会社であり，取締役により経営されている（→ 147頁）。銀行が企業等に融資をしたが返済を受けられずに銀行に損失が生じた場合には，融資を決定した取締役に**善管注意義務**（→ 148頁）違反があったのではないかなどとして，取締役の会社（ここでは銀行のこと）に対する責任（会社法 423 条）が追及されることがある。裁判では，融資を行うという経営判断が著しく不合理ではなかったかといった点が判断されることになる。

これとは異なる局面で，金融機関から企業に対する融資の交渉が相当程度進んでいたにもかかわらず，最終的に金融機関が融資を断ったために，融資を期待していた企業側が損害を受けたと主張して，金融機関の企業に対する責任が追及されることもある。裁判例の中には，契約締結段階における**信義則**（民法 1 条 2 項）上の義務や**不法行為責任**（709 条）を根拠として金融機関の責任を認めた事案もある。

(7) 会社の支配権市場

ここまで，会社が取引を行って利益を上げる場面を検討してきたが，会社自体も取引の対象となる。より正確にいうと，株式会社の

株式（株主としての地位のこと）は取引の対象であり，なかでも**上場会社**と呼ばれる会社の株式は，東京証券取引所をはじめとする金融商品取引所が開設した**金融商品取引市場**（証券市場ともいう）において売買されている。

　証券市場で株式を購入する者の多くは，**配当**や**売却益**によって利益を得ることを目的としているが，場合によっては，他の株式会社を買収することや，その支配権を取得することを目的として株式が買い集められることもある。株式会社では株主は株主総会においてその株式数に応じた議決権をもつため，多くの株式を保有すれば，株式会社の意思決定をコントロールすることができる。そこで，株式の大部分を取得することを「支配権を取得する」と表現したり，会社の大株主が変わることを「支配権に異動がある」と表現したりする。「**買収**」とは，ターゲットとなる会社の株式の大部分を取得することにより**支配権**を取得することだと表現することもできる。

　株式会社の買収を行う者は，その会社の本来の実力が発揮されておらず**株価**（その株式が金融商品取引市場で取引されている価格）が下がっていると考えられる会社に目を付けて大量の株式を取得し，元の取締役を解任してより優秀な取締役を選任するなどして（株式の大部分を保有していれば，株主総会の決議により意のままに取締役を選任・解任できる）会社の業績を上げ，業績向上に伴って株価が上がったところで保有している株式を売却して利益（**売却益**）を得ることを目的とする場合がある。上場会社の株式は金融商品取引市場において自由に売買されていることから，上場会社は常にこうした買収の可能性にさらされているといえる。世間一般においてはこうした買収のイメージは必ずしも良いものではなく，買収を行う者が「ハゲタカファンド」等と呼ばれたこともある。しかし，**会社の**

支配権市場（会社の支配権が取引の対象となっている状況）が存在することは，株式会社の取締役に対して，株価が下がれば会社が買収のターゲットとなってしまうという危機感を与え，努力を怠らずに会社を経営するインセンティブを与える点で望ましいともいえる。

（8）　証券市場と法

167頁以下では株式の取引に言及した。株式をはじめとした金融商品の取引について規定しているのは**金融商品取引法**であり，「国民経済の健全な発展」や「投資者の保護」をその目的とする（1条）。

情報開示┃　金融商品取引法は「**開示**」に関するルールを定めており，上場会社は年に1度「**有価証券報告書**」を提出することをはじめとした情報開示を義務づけられている。仮に情報を開示することを法によって強制せず，各会社の自由な判断に委ねた場合には，各会社は自らにとって有利な情報のみを開示し，不利な情報は開示しないという行動に出る可能性があり，それでは投資者は十分な情報に基づいた取引を行うことができない。そこで，金融商品取引法は，情報を開示すべき場面や開示すべき情報を指定し，情報を正確に開示することを要求している。

適合性原則┃　証券会社の行為を規制し投資者を保護するルールも規定されている。金融商品取引法40条1号は，「顧客の知識，経験，財産の状況及び金融商品取引契約を締結する目的に照らして不適当と認められる勧誘」を規制する，いわゆる「**適合性原則**」を規定している。例えば，金融商品取引の知識や経験がまったくなく，財産は今後の生活費に充てる予定のわずかな

預貯金があるだけで，現在の収入は年金のみである高齢者に対して，仕組みが複雑であって理解することが難しく，高いリスクを伴い，場合によっては自らが投資した金額の何十倍もの損失が発生する可能性がある金融商品の取引の勧誘を行った場合には，この適合性原則に違反する可能性がある。最判平成 17 年 7 月 14 日民集 59 巻 6 号 1323 頁は，適合性原則から著しく逸脱した勧誘をして顧客に取引を行わせた場合には，顧客に対する**不法行為責任**（民法 709 条）が発生する場合があることを示している。

| インサイダー取引の禁止 | さらに，金融商品取引法は証券市場における不公正な取引を禁止するためのルールも規定している。その典型例は**インサイダー取引**の禁止で |

あり，会社の役員や従業員等がその職務に関して重要な情報を知った場合，その情報が公表されるまでは，その会社の株式を売買することは禁止される（166 条）。仮にこうした売買を行うことが認められるとすれば，会社の株価を上げるような情報（例えば，製薬会社であれば，大きな利益が見込まれる新薬が開発されたという情報）を知った内部者は，その情報が公表されて株価が上がる前に大量の株式を購入し，情報が公表されて株価が上がったタイミングで売却することで利益を得ることができる。このような取引が禁止されなければ，内部者としての情報を得る機会のない一般の投資者は不公平感を感じて，証券市場における取引に参加することに消極的になるおそれがある。このことは，株式会社の証券市場における資金調達を困難にし，究極的には経済活動全体に悪影響を及ぼすおそれがある。そのため，金融商品取引法では，インサイダー取引の禁止をはじめ，証券市場に対する信頼を確保するためのルールを規定している。

参考文献

商取引に関する法について，

落合誠一＝大塚龍司＝山下友信『商法Ｉ総則・商行為〔第6版〕』（有斐閣，2019年）

江頭憲治郎『商取引法〔第9版〕』（弘文堂，2022年）

労働法のルールを分かりやすく説明した教科書として，

水町勇一郎『労働法〔第9版〕』（有斐閣，2022年）

独占禁止法のルールを丁寧に説明した教科書として，

白石忠志『独禁法講義〔第10版〕』（有斐閣，2023年）

関係特殊的投資について分析している文献として，

田村善之「市場と組織と法をめぐる一考察(1)(2・完)」民商法雑誌121巻4＝5号562頁，6号775頁（2000年）

不完備契約，関係特殊的投資について分析している文献として，

藤田友敬「契約・組織の経済学と法律学」北大法学論集52巻5号（2002年）1884頁

国際商取引について詳しく解説した文献として，

高桑昭『新版 国際商取引法』（東信堂，2019年）

会社法のルールを丁寧に説明した教科書として，

伊藤靖史＝大杉謙一＝田中亘＝松井秀征『会社法〔第5版〕』（有斐閣，2021年）

コーポレート・ガバナンスについての初学者向けの解説として，

仮屋広郷「コーポレート・ガバナンスへの視座」法学セミナー648号（2008年）11頁

金融商品取引法のルールを丁寧に説明した教科書として，

山下友信＝神田秀樹編『金融商品取引法概説〔第2版〕』（有斐閣，2017年）

5　公益実現のための法

（1）　公 益 と 法

　法は，価値観も思想も異なる人々が社会を構成し，その中で共同生活を営んでいくためのツールである。そのことからすると，社会全体の利益すなわち**公益**の実現もまた，法の重要な目的または機能といえる。憲法では**「公共の福祉」**（→ 99 頁）という言葉がもっぱら用いられるが，公益と同じものを指すと理解してよい。

　公益は，しばしば私益と対比される。私益とは，私人に帰属する個別的利益のことである。私人とは，公益実現を任務とする公的主体（典型的には国および地方公共団体）に対抗して，私益を享受する主体を示すときに用いられる言葉であり，個人（自然人）および公的主体以外の法人（会社など）をいう。公的主体は，そのほとんどが法人格（→ 143 頁以下）を有するので，**公法人**とも呼ばれるし，その任務である公益実現はしばしば行政作用の目的とされるので，**行政主体**とも呼ばれる。

　法の分類〔→ 9 頁〕のうち，民法や商法（会社法）などの**私法**は主として私益の保護にかかわり，憲法や行政法などの**公法**は主として公益の実現にかかわると一応いうことができる。しかし，公益実現において私法の果たす役割も無視できないし，逆に公法は私益との関係で公益の限界を定めることによって，私益を保護する機能ももつため（→ 177 頁以下），両者は必ずしも一対一に対応しているわけではない。本節では，視野を公法に限定せず，公益実現のための法制度を広く取り上げることにする。

(2)　公　益　と　は

公益概念の多義性

公益という言葉は，公法と私法とで異なった意味に用いられることがある。公法では，前述のとおり社会全体の利益をいい，行政作用の目的をなすと考えられている。日本の法が実現すべき公益は，日本の社会全体の利益である。

私法では，公益という言葉をこの意味で用いることもあるが，私人の行う活動に「公益」性が認められることもある。公益法人（→ 151 頁）の追求する「公益」がそれである。「公益社団法人及び公益財団法人の認定等に関する法律」（公益認定法）2 条 4 号は，「公益目的事業」を「学術，技芸，慈善その他の公益に関する……事業であって，不特定かつ多数の者の利益の増進に寄与するものをいう」と定義しているが，これは社会全体の利益と重なることもあれば，社会の中の一部の利益にすぎないこともあろう（一部であっても「不特定かつ多数の者」に当たることはありうる）。現代社会では，公益の内容が多元化・多様化しているといわれており，その担い手である非政府組織（NGO）が追求する「公益」も無視できない重要性をもつが，以下では，まず基本となる概念を押さえるために，もっぱら社会全体の利益という意味での公益を念頭に置くことにする。

公益の内容

逆説的に聞こえるかもしれないが，私益の保護がそのまま公益の実現につながるとみなされることがある。例えば，人々の生命・身体が他者からの攻撃によってみだりに侵害されないように秩序が維持されること（侵害された場合にはしかるべき制裁や賠償によって秩序の回復が図られること）は，ど

んな社会でも最低限追求されなければならない公益であるといって
よいだろう。所有権をはじめとする財産権の保護も同様である。こ
のような公益の実現は，刑法や，民法の不法行為法が，私益の保護
を通じて担うことになる。

　市場経済を維持し発展させるには，取引のルールを定めた契約法
も重要になる。市場の機能を重視する自由主義的な立場では，公益
は私人の活動（とりわけ市場における取引）を通じてこそ最もよく
実現されると想定され，法の役割は私人の自由を阻害する要因の除
去に限定される。また，紛争が生じてから裁判所が法の適用を通じ
てそれを解決する**事後規制**のモデルが中心となり，行政機関は治安
の維持など最小限の役割を担うにすぎない。

　それに対し，市場の機能の限界（経済学にいう**市場の失敗**）を直
視する立場では，独占の禁止による公正な競争秩序の維持，労働者
や消費者などの市場における構造的弱者の保護，市場からこぼれ落
ちた人々に対するセーフティネットとしての社会保障の提供，環境
保護など市場が機能しにくい分野の規制などが，公益として追求さ
れるようになる。この立場では，民法や刑法の一般法は修正を余儀
なくされ，特定の公益を目的に掲げる政策的立法が多く活用される。
そして，公益に反する事態を未然に防ぐために行政機関が積極的に
介入する**事前規制**のモデルが存在感を増していく。このモデルでは，
立法および行政の役割が増大するため，統治主体としての国家が前
面に出てくる。このような国家は，**社会国家**や**福祉国家**，また行政
権の役割が増大した国家という意味で**行政国家**などと呼ばれる
（→ 113 頁，237-238 頁）。法は，国家による社会統制を権限づけ
るとともに限界づける役割が期待されるようになる。

　以上の 2 つの立場はあくまでも理論モデルであり，資本主義国

でも多くの国々は時代により両者の間を揺れ動き，また両者をミックスした政策をとっている。日本では，第二次世界大戦後，行政機関が許認可権限を背景とした**行政指導**を多用して企業活動をコントロールする政策が展開されてきたが，20世紀後半から21世紀初頭にかけて，「事前規制から事後チェックへ」の標語のもと，規制緩和政策が推進された。しかし，同時にその問題点もあらわになり，揺り戻しの動きもある。

|公益を決定する主体と手続|以上のとおり，公益にはその社会の設立目的や選択に応じてさまざまなモデルが観念できるし，各モデルにおいても，具体的に何を公|

益として追求するかには，選択の余地がある。また，同じ目的を追求するにしても，刑法や不法行為法のような事後規制によるか，行政的な許認可制度のような事前規制によるか，手段についても幅がある。そこで，何を公益として掲げ，それをどのような手段により実現するかについて，誰がどのようにしてそれを決めるのかという主体・手続の視点が重要になってくる。

最良の決定主体・手続（政治形態）が何かということについては，政治哲学・政治思想史上の大論争があるが，現在までのところ，社会の構成員である国民が最終的な決定権をもち，社会の構成員の平等な参加に基づいて決定すべきであるという**民主主義**が，長い歴史の中で最もマシな決定主体・手続のあり方と考えられており，日本国憲法も代表民主制を採用している（→102頁）。民主主義に基づいてされた決定のうち，容易に変更すべきでない根幹部分は憲法という形式で表現され，それを具体化する規範は法律という形式で制定される。行政機関は，法律が特定した公益を実現する任を担うに

すぎず，追求されるべき公益を自分で定めることは（その旨の法律の委任がない限り）できない。これは，行政活動が法律に基づいて行われなければならないことを内容とする**法律による行政の原理**の基礎にある理念である（→ 100 頁）。

（3）　公益実現の手法

公益実現の手法として，刑事的手法，民事的手法，行政的手法を区別することができる。刑事的手法とは，公益に反する行為を犯罪として定め，犯罪を行った者に刑罰という制裁を科すことにより，その威嚇のもとで公益に反する行為を抑止しようとするものである。殺人や窃盗などの伝統的な犯罪類型は刑法典に規定されているが，交通犯罪や経済犯罪など現代社会の要請に応じて創設された犯罪類型は，道路交通法や独占禁止法など刑法典以外の法律（特別刑法という）に規定されていることが多い。

民事的手法とは，民法の適用ないし民事訴訟を通じて公益の実現を図ることをいう。公序良俗（民法 90 条）（→ 131-132 頁）など民法典に規定された制度が利用されることもあるが，現代では，むしろ，民法典の前提とする私的自治の原則を修正する特別法（消費者契約法など→ 134 頁）が存在意義を増している。

行政的手法とは，行政機関の行為によって公益の実現を図ることをいう。例えば，衛生管理の不十分な店舗において飲食店の営業を認めると，国民の健康という公益が害されるおそれがあるので，行政機関があらかじめ衛生管理についてチェックをし，基準に適合した者に営業の許可を与え，許可が得られない者については営業を禁止するという許可制がとられている（食品衛生法に定めがある）。法令に違反した者には，営業の停止を命じたり，許可を取り消したり

することもできる。

　同じ対象について異なる手法が重畳して用いられることもある。**4(3)**（→160-161頁）で出てきた独占禁止法を例にとってみよう。独占禁止法に違反する行為があった場合，①行政機関である公正取引委員会は，排除措置命令や課徴金納付命令をすることができる（行政的手法）。②独占禁止法違反は刑罰の対象にもなる（刑事的手法）。③違反行為によって権利利益を侵害される被害者は，違反者に対して民事訴訟を提起し，違反行為の差止めや，損害賠償を請求することができる（民事的手法）。場合によっては，独占禁止法に違反する内容を含む契約が，公序良俗に反するとして，民法90条により無効になることもある（民事的手法）。

　このようなさまざまな手法により，法令の遵守を確保することを，法令のエンフォースメントと呼ぶことがある。

（4）　公益と私人の権利

対立関係　　私益のうち法の保護を受けるものを**権利**と呼ぶことができる。公益と私人の権利は，しばしば対立するものと捉えられる（→5頁）。例えば，建築基準法は，建築物の構造・設備・敷地等について安全性や日照などに関する基準を定め，基準に適合しない建築物の建築を禁止している。建築開始前に建築計画が基準に適合していることの確認（建築確認）を行政機関から受けなければ建築工事を行うことができず（6条），建築物の完成後に違反が発覚すれば，建築物の除却を含む違反是正命令を行政機関から受けうる（9条）。その反面で，自己所有地に建築物を建築することは，所有権の内容として，私人の権利に属するはずである。建築基準法は，国民の生命・健康・財産の保護という公益上

の理由により，私人の建築の権利を制約する法律といえる。

　このように，権利といえども無制限に行使できるわけではなく，公益上の制約に服する。国民の生命・健康・財産の保護（建築基準法1条）という公益と，私人の建築の権利とを天秤にかけ，前者が優越すると判断される場合に，それを達成するのに必要な限度において，後者を制約することが正当化される。それに加えて，公益を理由にして私人の権利を制約するには，民主主義の観点から，国会が制定した法律の根拠に基づく必要がある（法律による行政の原理は，行政機関による権利の制約について，この旨を確認した原理である）。

　このように考えると，法律に定められた建築の基準（要件）は，公益上の理由により権利を制約することが認められる限界を示すものであるから，基準に適合しているのに（構造や設備に問題がないのに）是正命令を発したり，法律上の要件以外の事項を考慮して（人口流入を抑制したいからという理由で）建築確認を拒否したりすることは，許されない。そのような行政機関の行為は違法であり，私人は行政訴訟を提起して，是正命令の取消しや，拒否処分の取消し・建築確認の義務付けを求めることができる。

　公益に基づいて私人の権利が制約されるもう1つの例として，**公用収用**がある。公用収用とは，公共事業（例えば道路建設）のために私人の財産権（典型的には土地）を剥奪することである。公用収用も当然に法律の根拠が必要である（土地については土地収用法という法律が定められている）ことに加え，当該私人には**正当な補償（損失補償）**が支払われなければならない（憲法29条3項）（→108頁）。

| 包摂関係 | もっとも，公益と私人の権利は，対立しているばかりではなく，協働することもある。**(2)**(173- |

174頁）では，私人の権利の保護がそのまま公益の実現とみなされるという単純な場合を説明したが，ここでは，公益の中に私人の権利が包摂される例を挙げてみよう。

　建築基準法は，確かに建築主の権利を制約するものだが，その反面で，他の私人の利益を保護する面もある。基準に適合しない建築物が建築されると，近隣の住宅に日照被害をもたらしたり，倒壊して近隣の人々を巻き込んだりする危険があるからである。仮に，基準に適合していないにもかかわらず，建築確認が行われて建築物が建築されると，国民の生命・健康・財産という一般的公益が損なわれるのみならず，こうした近隣の人々の具体的な利益が侵害されることになる。このような利益が建築基準法によってその人たちの権利として保護されていると解釈できるならば，近隣の人々は，行政訴訟を提起して，違法に行われた建築確認の取消しや是正命令の義務付けを求めることができる。そして，この人たちの権利が裁判により保護されることを通じて，建築基準法が目的に掲げる一般的公益もまた達成されることになる。

私人の権利を 保護する手続	公益に対する私人の権利の保護は，民事訴訟や刑事訴訟を通じても行われるが，現代社会では公益の実現を担う行政機関の役割が増している

ため，行政訴訟による権利保護がいっそう重要となっている。建築確認や是正命令のように，法律の根拠に基づいて法的効果を生じる行政機関の一方的行為を**行政処分**というが，行政処分により権利を侵害された者は，対立関係にある者であれ包摂関係にある者であれ，行政訴訟を提起して裁判上の救済を受けることができる。これは憲法の保障する**裁判を受ける権利**（32条）（→ 109頁）の帰結であり，

具体的な訴訟手続を定める法律として**行政事件訴訟法**がある。訴訟よりも簡易迅速な救済手段として，**行政不服審査法**に基づく**審査請求**（裁判所ではなく行政機関に対してなされる）も重要である。違法な行政活動に起因して被った損害については，**国家賠償法**に基づく損害賠償を受けることができる（憲法 17 条も参照）。

　行政訴訟は，行政活動をめぐって紛争が生じてから開始される事後的な手続であるが，建築確認や是正命令などの具体的な行為の前に行われる事前手続も重要である（ここでは，規制についての手続が行われるタイミングを問題にしているので，174 頁の事前規制・事後規制とは意味が異なる）。とりわけ是正命令のように私人の権利を直接的に侵害する行為は，その相手方の言い分を十分に聞いたうえで行うことが，**適正手続**の理念の要請である（→ 108-109 頁）。その具体的な手続は，**行政手続法**が定めている。

（5）　具体例──環境法と社会保障法

　公益を実現する種々の法のうち，環境法と社会保障法を例として取り上げよう。

<u>環 境 法</u>　環境法は，環境の保全を目的とする法の総称である。「環境法」という名称の法律（形式的意味の環境法）は存在せず，基本原則を定めた**環境基本法**のもと，公害規制，自然保護，廃棄物処理・リサイクルなどの個別分野と，それらを横断する手続である環境影響評価（環境アセスメント）について定めた国内法および国際条約からなっている。

　環境法では，民事・行政・刑事の各手法が組み合わされて用いられることが多い。民事的手法としては，被害者から加害者（汚染

者）に対する不法行為に基づく損害賠償請求，および，汚染行為の差止請求が二本柱である。歴史的には，公害被害者が集団で提起した民事訴訟（四大公害訴訟など）を契機として環境問題が社会的に認知され，法制度の整備につながったという経緯がある。しかし，現在では行政的手法が環境法の中心となっており，工場などの操業についての許可制や，法律に基づく排出基準を超える量の汚染物質を排出した場合の改善命令などが個々の法律に定められている。刑事的手法としては，改善命令などの行政処分に違反した場合に刑罰が科される制度（間接罰制）と，行政処分を介在させずに法令違反に対して直接に刑罰が科される制度（直罰制）とがある。

社会保障法　　社会保障法も，社会保障に関する種々の法の総称である。社会保障とは，個人の生活を脅かす事由（**要保障事由**）——具体的には，病気・ケガ，出産，加齢，（生計維持者の）死亡，失業，その他の困窮など——が発生した場合に，それを軽減するために，国家（ただし実際の運営は国・地方公共団体以外の主体が行う場合もある）が行う給付の仕組みをいう。医療（健康）保険，介護保険，年金保険，労災保険，雇用保険，生活保護，社会福祉，児童手当などがそれに含まれる（→ 127-128 頁）。

社会保障は，私人に対して金銭またはサービスを直接給付する制度だから，その財源をどのように調達するかが，法的にも大きな関心事となる。財源調達方法には，拠出制（社会保険方式）と非拠出制（税方式）とがある。前者は社会保険の加入者が支払う保険料を財源とする（健康保険や年金保険など）のに対し，後者は国・地方公共団体が徴収する租税（一般財源）を原資とする（生活保護など）。そのため，前者には拠出と給付の対応関係（対価関係）があるが，

181

後者にはないとされる。もっとも，社会保険方式であっても，民間
の保険会社が販売する私保険とは異なり，法律上の要件を満たした
者が強制加入とされる点や，保険料の額がリスクに応じて算定され
るわけではない（病気になりやすいからといって高額な保険料を支払
うわけではない）点から，拠出と給付の対応関係は厳密なものでは
なく，社会全体の負担において高リスク者を支えるというリスク分
散機能や，さらには所得再分配機能が認められる。最高裁は，国民
健康保険の保険料が強制徴収される点をも考慮して，同保険料の賦
課徴収に**租税法律主義**（憲法 84 条→ 126 頁）の趣旨が及ぶと解し
ている（最大判平成 18 年 3 月 1 日民集 60 巻 2 号 587 頁〔旭川国
保訴訟〕）。

(6)　地方自治——部分秩序の「公益」

　ここまでは，日本法が想定する公益として，日本社会全体に共通
する利益を念頭に置いてきたが，前提となる社会の単位や大きさが
変われば，それに応じて別の「公益」を考えることもできる。例え
ば，地方公共団体は日本という国を構成する「部分」にすぎないが，
それぞれの地域に特有の事情があるとすれば，地方公共団体という
社会における公益と，日本社会全体の公益とが，一致しないことも
ありうる。憲法が**「地方自治の本旨」**（憲法 92 条〔→ 115-116 頁〕）
に基づいて地方自治制度を保障しているのは，地方の公益が何かは
地方が自ら決めるべきであるという理念に基づいているともいえる。

　もっとも，日本は単一主権国家であり，地方公共団体の自治権は
あくまでも国家主権から派生したものにすぎないともいえる。地方
公共団体の**条例**制定権が「法律の範囲内」で認められるにすぎない
のは（憲法 94 条），その現れである。

　このように，自治・分権の要素と，主権・集権の要素のいずれを重視するかは，国と地方とが異なる公益を掲げ，その利害が真っ向から衝突するときに先鋭化する。地方自治法は，国と地方公共団体との間の紛争処理の制度として，**国地方係争処理委員会**を設け（250 条の 7 以下），地方公共団体にも一定の手続保障を与えている。同委員会の決定に不服があるときは，裁判所の判断を受けることができる（ふるさと納税制度をめぐる最判令和 2 年 6 月 30 日民集 70 巻 4 号 800 頁はその例である）。

参考文献

本節の大部分にかかわる行政法の入門書として，

藤田宙靖『行政法入門〔第 7 版〕』（有斐閣，2016 年）

大橋洋一『社会とつながる行政法入門〔第 2 版〕』（有斐閣，2021 年）

環境法，社会保障法，地方自治法の入門書として，

北村喜宣『環境法〔第 2 版〕』（有斐閣，2019 年）

黒田有志弥＝柴田洋二郎＝島村暁代＝永野仁美＝橋爪幸代『社会保障法〔第 2 版〕』（有斐閣，2023 年）

板垣勝彦『自治体職員のための ようこそ地方自治法〔第 3 版〕』（第一法規，2020 年）

6　情報にまつわる法

(1)　情 報 と 法

　我々は，日常生活から，企業の活動，国や地方公共団体の行政活動，国家の防衛・外交に至るまで，情報に頼って行動している。したがって，情報の流れを制御することは，社会のあり方を決定することとほぼ同義である。もっとも，情報は，形のある物（有体物）と異なり，自然の状態ではそれを物理的にコントロールすることができない。そこで，その制御を可能にする人為的な仕掛けが必要である。つまり，法の出番である。

　法は，さまざまな目的を達成するために，ある場面では，情報の流通を阻害する事実上の障壁を除去してその流通を促進しようとし，また，別の場面では，人為的に障壁を設けて流通を阻止しようとしている。それらについて順次見たうえで，近時の情報通信技術の高度化・汎用化が法に突きつけている問題についても考えよう。

(2)　情報流通の促進 —— 公共財としての情報

公共財としての情報 ｜ 　公共財とは，不特定多数の人が同時に享受することのできる財（やサービス）をいう。情報は，その本性においては転々流通，伝播し，しかもその利用について排除性・競合性がないため，公共財としての性質を備えている（誰でも使えるし，誰かが使ったために他の人が使えなくなることもない）。しかし，実際には，さまざまな事情により自由な流通が妨げられることがある。そこで，法は，情報の流通を促進す

るための規律を設けている。

表現の自由

憲法は，「**表現の自由**」を保障している（同21条）。我々は他人とのコミュニケーションを通じて人格を陶冶し発展させていく（「**自己実現**」の価値）。また，民主政が健全に機能するためには，多様な意見が自由に表明され，自由闊達な議論が行われる必要がある（「**自己統治**」の価値）。ところが，過去の全体主義の経験や今なお存在する独裁国家の例が端的に示すとおり，表現の自由は国家の規制によって容易に傷つけられ，しかも，いったん毀損されると民主政の過程でそれを回復することは困難である。そこで，「表現の自由」は，他の基本的人権に比して優越的な地位を有し，強い保護に値する（したがって，その規制は厳格な審査に服する）と考えられている。

最高裁判所は，報道機関の表現行為，すなわち報道について，それが「民主主義社会において，国民が国政に関与するにつき，重要な判断の資料を提供」する意義を有するものとしたうえで，思想の表明の自由のみならず事実の**報道の自由**も憲法21条の保障のもとにあると明言し，さらに，報道の前提となる**取材の自由**も，憲法21条の精神に照らし十分尊重に値すると述べている（最大決昭和44年11月26日刑集23巻11号1490頁）。

もちろん，表現の自由を認めれば，低俗な言論や根拠のない言論も流通することになる。しかし，表現の自由が十全に保障されている限り，それらの言論は他者の表現活動による批判にさらされることによって自ずと淘汰されていくはずである（「**思想・言論の自由市場**」）。そのことに期待して，国家による介入は極力抑制される。

情報開示義務　　表現の自由は情報の受け手の存在を前提とするから，受け手が情報の摂取を妨げられたならばその保障は画餅に帰する。それのみならず，人格の陶冶・発展や健全な民主政の維持のためには，より積極的に，受け手の側に情報を獲得する自由を認める必要がある（「**知る権利**」。前掲最大決昭和 44 年 11 月 26 日もこの権利に言及している）。そこで，法は，受け手の自由に着目した制度も用意している。

　20 世紀末に制定された**情報公開法**は，民主政のもとにおける政府の**アカウンタビリティー**（**説明責任**）を全うするという考え方のもとに，誰であっても，特に理由を示すことなく，行政機関の保有する情報の開示を請求することのできる権利を保障した（地方公共団体にも同様の条例がある）。また，食品表示法その他の法令は，安全にかかわる情報を開示する義務を事業者に課している。さらに，金融商品取引法は，企業の外部の者が知りえない情報を企業内部の者が利用して金融取引により不当な利益を上げることを防ぐためにインサイダー取引を規制しつつ，企業がさまざまな情報を適時に開示する義務を課して，金融取引市場における競争秩序の維持と市場の健全性を維持しようとしている。

知的財産権　　知的財産権とは，特許権や著作権などの総称である。新しい技術の発明や創造性の溢れる著作は，それが広く共有されることによって，我々の社会や文化を豊かにする。しかし，発明や著作物はひとたび公開されてしまえば，情報の非排除性・非競合性により誰でも自由に使えてしまうため，発明者や著作者が正当な利益を得ることができず，発明や著作そのもの，あるいはそれを公開する誘因が削がれる可能性がある（自らの知的

営為の産物を他人が対価を払わず無償で勝手に利用できるとしたら，創造・創作の意欲はわかないだろう）。そこで，法は，情報の利用を一時的に制限しつつ将来的には自由化するという仕組みを採用した。

　すなわち，**特許法**は発明について特許出願から 20 年間独占的に利用する権利を発明者に与えている。また，**著作権法**は個人の著作者については生存中（本人）と死後 70 年間（相続人等），法人等の著作者については公表の時点から 70 年間，著作物の複製・頒布等の権利を独占することを認めている（英語で著作権は「コピーライト」といわれる。権利者に無断で著作物を複製することを禁止するというこの権利の意味を端的に示す）。これらの期間内に発明や著作物を利用したい他人は，発明者や著作権者に特許実施料や著作権料を払って利用させてもらうことになる。その一方で，保護期間終了後は，これらは，誰でも自由に利用することができる公共財となる（「**パブリックドメイン**」に移行する。いわゆるジェネリック医薬品〔後発医薬品〕はその一例である）。

　こうして，法は，情報の利用・流通を人為的に制御することで，発明や著作に誘因を与えるという要請と，発明や表現の成果を社会一般で広く活用するという要請との調和を図っているのである。

(3)　情報流通の抑制

プライバシー　情報が個人の私的領域にかかわるものである場合，その自由な獲得・流通は，時に，その人の人格的な生存を脅かすものとなりうる。思想・信条・信仰，趣味・嗜好・性癖，交友関係などが簡単に他人に知られてしまう事態を常に想定して生きていかなければならないとすると，我々は，常に緊張を強いられ，日々の行動を躊躇してしまうことになりかねない。

しかし，それでは，我々は，自らの人格を自由に発展させて生きていくことができない。そこで，法は，個人にかかわる情報を「**プライバシー**」に属するものとして，同意を得ないその獲得や流通を禁止し，それによって，個人の私的領域を守ろうとしている。

プライバシー権と　　　現在我々が観念する「プライバシー権」は，
その諸相　　　　　　19世紀末のアメリカで民事法（の不法行
　　　　　　　　　　為法）上，「**(ひとりで) 放っておいてもら
う権利**」が存在すると主張されたことに始まる。

　わが国では，1960年代半ばに，実在の政治家をモデルとする著名小説家の作品がプライバシーを侵害するのではないかが争われた事案で，いまだ他人に知られていない「**私事をみだりに公開されない**」という意味でのプライバシーが民事法上保護されるものであることが初めて認められ（『宴のあと』事件），その後，定着していった。

　さらに進んで，20世紀後半からの**情報化社会**の進展に伴い，個人に関する情報がデータベースに蓄積されさまざまな目的で統合・解析されることによって私生活の自由が脅かされることに対する問題意識から，プライバシー権は，古典的な「放っておいてもらう権利」から，個人情報の流れを自らが制御し，同意がない限り，個人情報を取得されない権利，取得された情報の適切な管理や開示・訂正・削除を求める権利を意味するものとして変遷を遂げた（**自己情報コントロール権**）。

　21世紀初頭に制定された**個人情報保護法**は，個人情報の取扱いが「個人の権利利益」に影響しうることを前提としつつ，個人情報の取扱いについての基本原則を定め，収集にあたっての利用目的の

明示を要求するとともに，個人情報の開示・訂正・削除請求権を承認した。この法律は，その実質において，自己情報コントロールという発想を相当程度実現したものである。この動きと呼応するように，判例は，それ自体としては個人の私生活に関する情報を特に含まないはずの，指紋や氏名・住所といった単純個人情報にまでプライバシーの保護を及ぼすようになっている（もっとも，最高裁判所の判例は，自己情報コントロール権を憲法上の権利として承認することにいまだ慎重な姿勢を示している）。

名誉権　名誉とは人に対する社会的評価である。人は他人からの評価と無縁ではいられないし，社会的評価はその人のアイデンティティーそのものであることもある。そこで，名誉も人格権の1つとして法的な保護の対象とされる。明治時代に制定された民法で名誉侵害が不法行為であることが明規され（710条），刑法でも名誉毀損罪が定められている（230条）ことに現れているとおり，名誉の法的保護はプライバシーの法的保護よりも歴史が古い。

　もっとも，表現の自由は，しばしば名誉権の保障と衝突する。そこで，刑法は，表現行為が「公共の利害に関する事実に係り，かつ，その目的がもっぱら公益を図ることにあったと認める場合には，事実の真否を判断し，真実であることの証明があったときは，これを罰しない」こととしている（230条の2第1項。なお，起訴されていない犯罪事実，公務員やその候補者に関する事実については，表現の自由に有利な方向で不処罰の条件が緩められている。同条2項・3項）。そして，判例は，表現行為によって摘示された事実の「**真実性の証明**」に被告人が成功しなかった場合であっても，「行為者が

その事実を真実であると誤信し，その誤信したことについて，確実な資料，根拠に照らし相当な理由があるときは，犯罪の故意がなく，名誉毀損の罪は成立しない」として，「真実性の証明」の要求を緩和している。名誉毀損による不法行為責任の成否についても，判例は，同様の解釈を採用している。

| 国家による監視と
個人の自由 | 国家は，犯罪の予防や捜査から，租税の賦課・徴収，社会保障に至るまで，さまざまな法分野でその目的を達成するために，さ |

まざまな情報を収集し，蓄積し，分析して利用している。それは必要なことであるが，同時に，それらの情報収集の権限が濫用されたり，蓄積された情報が悪用されたりすると，個人の自由を脅かしかねない。そこで，**国家による「監視」**をどのように制御すべきかが問題となる。

　最高裁判所の判例は，およそ半世紀前に，**憲法 13 条**は「国民の私生活上の自由が，**警察権等の国家権力の行使に対しても保護されるべきことを規定し**」ており，そのような「個人の私生活上の自由の一つとして，何人も，その承諾なしに，みだりにその容ぼう・姿態……を撮影されない自由を有する」と明言した（最大判昭和 44年 12 月 24 日刑集 23 巻 12 号 1625 頁）。

　この「**みだりに○○されない自由**」という定式は，国家による情報の獲得のみならず蓄積や利用が問題とされる場面でも，その後，用いられるようになった。2008 年の最高裁判所の判例は，住民基本台帳ネットワークシステムの合憲性を肯定する際，それが「個人に関する〔取得済みの〕情報をみだりに第三者に開示又は公表されない自由」の侵害の有無の問題であると捉えたうえで情報を獲得す

る行為そのものではなく，獲得した後の情報の取扱い次第で，個人の私生活上の自由が影響される可能性のあることを前提とした議論を展開している（最判平成 20 年 3 月 6 日民集 62 巻 3 号 665 頁）。

　また，最高裁判所は，2017 年には，GPS 装置を用いた車両の移動状況の継続的な監視が問題とされた事案で，憲法 35 条の保障対象には，そこで明示されている「住居，書類及び所持品」に限らず「これらに準ずる私的領域」に「侵入」されることのない権利が含まれると明言した。そして，GPS 装置を用いた継続的監視は，公道上での人の尾行やその容貌等の撮影とは異なり，「私的領域」への侵入を伴うから，法律による明示的・自覚的な授権と要件・効果の設定がない限り，しかも，裁判官の発する令状によらない限り，許されないと断じたのである（最大判平成 29 年 3 月 15 日刑集 71 巻 3 号 13 頁）。

　これらの判例を出発点として，我々は，国家による個人の監視の法的規律について構想していくべきことになる。

（4）　高度情報通信社会における「情報秩序」

　20 世紀末からの情報通信技術の高度化と急速な普及は，それを前提としないで構築されてきた情報をめぐる法をそのまま当てはめるだけでは解決しえないさまざまな問題を生起させている。

「自由な空間」としての
インターネットの光と影
──プラスの面

インターネットによって実現される情報空間（サイバー空間）を現実世界と対比した場合，次の 2 つの意味で「自由な空間」であることにその最大の存在意義を認めることができる。

　第 1 に，アメリカで，学術研究のための通信網として開発され，軍の資金で整備されたインターネットは，1980 年代に商用に開放されて以降，急速に発展，普及した。インターネットは，それを支配する特定の管理主体が存在せず（そのような者が存在すれば，それが故障したり攻撃されたりすると通信不能になってしまう），それを構成する各サーバーがそれぞれの判断で通信を媒介・中継することによって，自ずと秩序立った通信が実現されるという，**分権的で自生的な秩序**が支配するネットワークである。このことは，国家権力が情報流通を支配・管理することが困難になることを意味する。

　第 2 に，従来の**プリントメディア**とは異なり，インターネットでは，情報を発信するために大規模な設備や資本は必要なく，一個人でも全世界に向けて情報を簡単に発信することができる。しかも，フェイスブックやツイッターなどの**ソーシャルネットワーキングサービス**（social networking services; **SNS**）は，現実世界においてであればおよそ出会う機会がなかったであろう人々と人間関係を築くことを可能にした。

「自由な空間」としての インターネットの光と影 ── マイナスの面

　その一方で，インターネット空間の「自由さ」は，次の 3 つの問題を引き起こしている。

　第 1 に，それは，現実社会における表現の自由とプライバシーや名誉との均衡状態を覆してしまった。現実社会では，情報の流通には事実上の障壁がある。例えば，ある地域での噂話は遠方に伝播することなくやがて終息することを期待することができる。また，プリントメディアによる情報流通は，新聞や書籍・雑誌の流通範囲に限定されるし，それらは一定の対価

を支払わなければ入手することができない。そして，情報の伝播が空間的に限定されることは，情報の発信者に対する責任追及が相対的に容易であることも意味した。表現の自由とプライバシー・名誉の間には，そのような事実上の障壁の存在を前提とする均衡が成立していたのである。

ところが，全世界規模のネットワークであるインターネットは，そのような障壁を取り払ってしまった。プライバシーや名誉を侵害する情報は瞬く間にネットワーク上で拡散し，いったん拡散した情報を取り消すことはもはや不可能である。しかも，ネットワーク上の匿名性は，空間的な限定が利かないこととあいまって，情報発信者に対する責任追及を困難なものとしている。

第2に，SNSは，現実世界では巡り会う機会がない人たちとの交流を可能にしたが，それは，同じ思想・信条・感覚をもつ人たちばかりが結びつくことも可能にし，思想・信条・感覚の偏りが是正される機会を経ないまま増幅される結果を生んだ。

第3に，SNSにおけるいわゆる「炎上」のように，他人に対する誹謗中傷の氾濫という現象が生じてしまった。現実世界では，他人に対して面と向かって，あるいは他人を名指しして誹謗中傷することには自ずと心理的な制約が作用するけれども，インターネットでは相手が目の前にいるわけではないし，匿名性があって発信者の身元も直ちには明らかにならないことから，そのような制約が作用しづらいのである。

また，情報発信の容易性と発信者の匿名性ゆえに，虚偽の情報を拡散することに対する障壁も小さく，**フェイクニュース**の氾濫とそれによる政治的な対立の先鋭化という事態も招いている。

このようにして，自由な世界であるインターネットは，現実社会

における人々の分断を強め，現実世界における「自由」の効用——異なる意見をもつ人たちが自由闊達に交流するからこそ社会が前進していける——をおとしめる効果ももってしまった。

　これらの問題に対処すべく，いわゆる**プロバイダー責任制限法**が制定されている。同法は，インターネットサービスプロバイダーが，他人の権利を侵害する通信を媒介したこと，あるいは，そのような通信を防止する措置を講じたことにより，それぞれ名誉毀損・プライバシー侵害や誹謗中傷の被害者または加害者から損害賠償を求められる可能性を制限することで，民事責任がインターネットを通じた自由な情報の流通を抑制することを防止している。そのうえで，一定の場合に，被害者がプロバイダーに対して**発信者情報開示請求**をする権利を保障することで，被害者が，インターネットの特質である匿名性という障壁を乗り越えて，情報発信者の責任を追及するための方途を確保している。もっとも，それによって対処しうるのは全体の問題群のうちのごく一部であることは否めない。

　　ビッグデータ　　情報通信技術の急速な普及は，かつては，他人の記憶に一時的にとどめられることはあるにせよ，やがては忘れ去られ，あるいは，検索や再利用が困難な紙媒体の伝票や帳簿に記録されるにとどまっていたであろう，我々の生活歴（**ライフログ**）が，蓄積・検索・統合・解析が極めて容易な電子データとして記録され，それらの膨大なデータ（**ビッグデータ**）が蓄積される事態を生じさせている。しかも，**AI**（**人工知能**）の発達により，情報の統合・解析・利用はますます容易かつ正確になりつつある。

　例えば，ある人が，IC乗車券で公共交通機関を利用し，その電

子マネー機能を利用して買い物をすれば，その人の日常生活における移動や購買の履歴が自動的に記録され，蓄積されていく。スマートフォンの GPS 機能をオンにしたまま移動すれば，移動経路が正確に記録され，蓄積されていく。

　これらの情報を用いて統合・解析すれば，その人の思想・信条や交友関係，趣味・嗜好・性癖を把握することは容易である。実際，ショッピングサイトで表示される「あなたへのおすすめ」や，検索サイトで上位に表示される検索結果，あるいは，ウェブ広告は，過去の購買歴や検索歴，閲覧歴に基づいてカスタマイズされ，我々はその恩恵を受けている。

　また，スマートフォンの位置情報に基づき災害時の人々の行動を把握したり，感染症流行時の繁華街の人出を分析したりして，防災や公衆衛生といった社会全体の利益のためにビッグデータを用いることも行われている。

　しかし，ビッグデータの活用には，次のような問題もある。

　まず，ビッグデータに基づいてカスタマイズされた情報だけに接していると，自らの趣味や思考に適合する商品やサービスを探し回る面倒が省けて「ありがたい」かもしれないが，その半面で，自らと異なる思想や信条に触れて自らのそれを再考・反省したり，思いもよらない商品との遭遇によって消費生活を豊かにしたりする機会を奪われる。それが度を過ぎると，思想・信条や趣味・嗜好を固定化し，社会の分断を促進しかねない。それは，多種多様な意見が切磋琢磨することによってよりよい社会がつくられていくという民主政の基礎にある発想そのものと相容れない事態である。

　また，ビッグデータを基にしたさまざまな予測は，一定の類型化とそれに対応する傾向の分析に基づくものであるので，傾向から外

れた個性をすくい取ることが難しい。そのため，新卒社員の採用試験や与信審査がビッグデータに基づく判定の結果に大きく依存すると，個人の資質や能力が正しく反映されず，就業の機会が不当に奪われたり融資を不当に断られたりすることが起きるかもしれない。

　こうして，ビッグデータの活用は，一方では，従来にないさまざまな利便を我々に提供する一方で，正義や公正，平等という法の基礎にある観念に反する結果を招くおそれがある。

自由と安全のバランス ――犯罪の温床として のインターネット	空間的な限定のなさや匿名性は，インターネットを用いた違法行為・犯罪の実行を容易にしている。ダークウェブと呼ばれる，インターネットに接続さ

れていながら通常の方法ではアクセスできない領域では，流出した個人情報，著作物の違法コピー，児童ポルノ，はては，大量破壊兵器の製造や売買に関する情報までやりとりされているという。

　また，国家機関や企業の業務用サーバーはもとより，水道・電力・鉄道等の社会インフラも，今ではインターネットに接続されている。IoT (Internet of Things; 物のインターネット) が普及すれば，家庭内のあらゆる家電製品もネットワークに接続される。そして，近い将来に実現すると見込まれる自動車の**自動運転**もネットワークに依存する。これらのことは，悪意をもったユーザーが遠隔地から匿名性を保ったまま，国家機関や企業・家庭にネットワークを通じて入り込むこと，さらには，遠隔操作で社会のインフラを破壊する活動を行うことすら可能にする（**サイバーテロ**）。

　こうして，我々は，現実社会だけであれば直面する必要のなかった新たな危険にさらされている。インターネットは，その初期にお

いてはその自由さが称揚され，実際にもそれは多くの政治的・経済的・文化的利益をもたらした。しかし，自由な空間の保障を単純に貫徹することはもはや不可能である。

　わが国では，1999 年に**不正アクセス禁止法**が制定され，2011年にウィルスの作成・頒布を犯罪化する刑法改正が行われ，さらに，2014 年には官民一体となった対策の推進を謳う**サイバーセキュリティ基本法**が制定されたが，技術の進歩に法が追いついていないのが現状である。インターネット上の自由が我々の現実社会における安全を脅かしつつある事態を正面から受け止めたうえで，規制の是非・限界を自覚的に議論することが求められている。

私企業による秩序形成

インターネットは，中央集権的な管理者のいない自由な空間であるが，そこで用いられるコードやアーキテクチャーは共通性が確保されていなければ，情報のやりとりに支障が生じる。また，インターネットを基盤としたさまざまなサービスを提供するためにはそれにふさわしい資本と技術が必要である。そのため，一部の私企業（最大手の 4大企業〔Google, Apple, Facebook, Amazon.com〕は，その頭文字をとって **GAFA**（ガーファ）と呼ばれる）が，高度情報通信社会の基本的な仕組みを事実上決定する力を獲得し，それらの企業が設定するコードやアーキテクチャーによって他の企業や個人（さらには政府機関）の行動すらも規律されるに至っている。しかも，それらの企業にはビッグデータが集中している。

　そのため，これらの企業の振る舞い次第では，他の多くの企業の事業活動の命運が左右されたり（検索サイトの検索結果から意図的に除外された企業は顧客の獲得に重大な支障を来す），政治の動向に

影響が及んだりする（情報を操作して人々の投票行動を左右することも可能である）おそれすらある。

　ところが，これらの企業の活動は，全世界規模で行われているため，従来の主権国家体制を前提とした規制に馴染まない。そのうえ，私企業であるため，社会のあり方を根底から動かす力をもつにもかかわらず，国家権力であれば課されるはずのさまざまな制約を免れている。そこで，比較的最近に至って，これらの企業の活動を規制する必要性が認識され，国際的に協調しつつ，プライバシー保護法，競争法，知的財産法などの手段を用いて，これらの企業の活動を法の統制のもとに置こうとする動きが見られるようになっている。

自生的秩序・分権化　　中央集権的な管理者のいないインターネットが自由な空間として現実世界における自由の制限を乗り越える力をもったことは，すでに見たとおりであるが，他にも，情報通信技術は，分権的な社会における**自生的な秩序**の形成に資する可能性を秘めている。

　暗号資産（仮想通貨）に用いられるブロックチェーンはその一例である。暗号資産の取引の履歴を記載した台帳は，（銀行におけるように）誰かによって集中管理されるのではなく，台帳の各部分が複数のユーザーに分散して管理される。分散された個々のデータは前後のデータと整合するように書かれており，誰かが特定の履歴を改竄すると必ず辻褄が合わなくなるため，不正が行われれば直ちに露見する。しかも，履歴そのものは暗号化されているので，取引の具体的な内容が第三者に知られてしまうわけではない。秘密の保護と透明性の確保という二律背反の要請を同時に満たすことが可能なのである。

　この技術を活用すれば，例えば，個人の出生から死亡に至る身分
関係や学歴，職歴，病歴，所得などの情報を，その秘密性を維持し
つつ，しかも，特定の主体への情報の集中とそれに起因する情報の
濫用，漏洩・消失のリスクを低減させながら，確実かつ一元的に管
理することが可能になる。

　　　　新しい「情報秩序」　　　　高度情報通信社会の進展に伴って，情報
　　　　　　　　　　　　　　　の流れをめぐる問題は，従来の法学の作
法に則って個別の権利・義務の関係に還元して論じるだけでは足り
なくなっている。法は元来中央集権的な性質を有しているため，自
生的な秩序形成を上手く取り組むことも容易ではない。経済界では，
データとデジタル技術を活用してビジネスモデルや意思決定過程等
の変革を図る**デジタルトランスフォーメーション（DX）**の必要性
が盛んにいわれるようになっているが，それは法の世界の課題でも
ある。国家・社会における情報をめぐる「秩序」（公序）をどのよ
うに設定すればより望ましい社会を実現できるかという問題意識に
基づき，また，コードやアーキテクチャーと法は双方があいまって
社会の基本的なあり方を決定する関係にあることを踏まえつつ，法
の枠組みを考え直す必要性が生じているのである。

　一例を挙げよう。いわゆる**マイナンバー制度（番号法）**は，前出
の住基ネット判決（→ 190 頁）を受けて，情報漏洩の危険等を慮
った結果，特定の管理主体に情報を集中させることを避けるという
前提で設計された。そのため，わが国に居住（住民登録・外国人登
録）している人々全員に対して個人識別・特定を可能にする固有の
番号を付与することで情報の一元化を図るというマイナンバー制度
のメリットが大幅に減殺されたことは否めない（そのことは，

2020 年の新型コロナウィルス感染症の拡大を受けた経済対策として実施された「特例定額給付金」の支給をめぐる事務処理の錯綜として顕在化した）。そうなってしまった理由は，既存の法が，中央集権的かつ一元的な情報管理か，分権的かつ多元的な情報管理のいずれかという選択肢しか想定できていないことにある。ブロックチェーンのような分権的かつ一元的という第三の選択肢を実現する技術があるにもかかわらず，わが国の統治機構はそれを実装するには至っていないのである。

　かくして，高度情報通信社会を踏まえた「**情報秩序**」の形成のための道具立ての整備こそ，法学に課された最も喫緊かつ重要な課題である。

参考文献
情報と法の関係をめぐって現に（既存の法制度を前提として）生じている事例を網羅的に見ることのできる文献として，
宍戸常寿編『新・判例ハンドブック情報法』（日本評論社，2018 年）
そこから一歩進んで，既存の法をどのように改めればよいか，また，逆に，事態の進展にもかかわらず維持すべき法の核心とは何かについて，さまざまな法分野の論者が真摯に考えた思考の過程を示すものとして，
弥永真生＝宍戸常寿編『ロボット・AI と法』（有斐閣，2018 年）

7　グローバル社会の法

(1)　国境を越える法

　ここまでは，主として日本国内に居住する者が国内で営む生活にかかわる法，すなわち日本の法について説明してきた。法を定立する権能が国会に属し，法の適用や執行が裁判所によって担われるからには，法を国家単位で考えることは当然とも思える（→ 173 頁）。しかし，グローバル化とともに，法の規律対象である人・物・情報が国境を越えて移動することが普通になると，それに応じた法が発展する。すでに扱った国際商取引に関する法（→ 163-165 頁）やGAFA・ブロックチェーンに関する法（→ 197-198 頁）は，その例である。本節では，もう少し抽象度を上げて，法が国境を越える事象にどのように対処しているかについて，一般的な枠組みを説明する。

(2)　国際法 —— 国家間関係の規律

主権国家と領域主権

　国際社会における法のあり方を考える出発点は，逆説的なようだが，法が基本的には国家の単位で区切られており，世界にはさまざまな国の法が併存しているという認識である。これは，国際社会が，複数の**主権国家**が併存する体制であることと表裏をなす。

　「主権」の概念についてはすでに説明があったが（→ 97 頁），ここでは，対外的に，すなわち外国との関係で，国家が独立であり対等であることを国家主権と表現している。その端的な現れが，**領域主権**である。すなわち，国家は，その領域（領土・領空）内に存在

するすべての人や物を支配することができ，また，自国の領域に対する他国の主権的権能の行使を排除することができる。例えば，A国で犯罪を実行したXがB国に逃亡した場合に，A国の捜査官がB国の同意なくB国内で捜査を行いXを逮捕すると，B国の領域主権を侵犯することになる。このような場合には，A国は，犯罪人の引渡しに関する条約に基づいてB国に対し外交的にXの引渡しを請求する必要がある。しかし，A国とB国の間で犯罪人引渡条約が締結されていなければ，A国としては国際法上はなすすべがない。2019年末にレバノンに逃亡し，物議をかもしたカルロス・ゴーン氏のケースはそれである。

　自国の法を自国の領域外の人や物に対して適用すること（**域外適用**）は一定の要件のもとで認められる。例えば，日本国外で合意された価格カルテルが，日本の自由競争経済秩序を侵害する場合には，日本の独占禁止法が適用されるとした判決がある（最判平成29年12月12日民集71巻10号1958頁）。外国の法律が日本の人や企業に域外適用されることもある。アメリカは，海外腐敗行為防止法（FCPAと略される）を定めており，アメリカとかかわりのある企業がアメリカ国外で行った行為についても，アメリカ法の域外適用の可能性を認めている。

　領域主権との関係で現在議論になっているのは，捜査におけるリモートアクセス（A国の捜査官がA国内の端末からB国に置かれたサーバーにアクセスし，そこに記録された情報を取得する行為）の可否である。リモートアクセスは，人や物の物理的移動を伴わないからB国の領域主権の侵害にならないとみるか，捜査はあくまでも主権的権能の行使だから情報の取得だけでも侵害になるとみるか，サイバー空間における主権のあり方を踏まえて考える必要がある。

国際法の法源　　　国際法は，このような主権国家間の関係を規律
する法である。主権国家は他国からの干渉は受
けないが，自らの意思に基づいてであれば，権利を制限し義務を負
うことができる。犯罪人引渡条約は，締約国の合意に基づいて，一
定の場合に犯罪人の引渡義務を負うことを相互に約束したものであ
る。**条約**は，国家間の合意を表現する法形式であり，国際法の基本
的な法源（→6頁）である（名称は，条約のほか，協定，規約，宣言，
議定書，憲章など，さまざまなものが用いられる）。条約は，二国間
のものもあれば，多数国間のものもある。条約に関する国際法上の
ルール（条約法）は，**ウィーン条約法条約**にまとめられている。

　国際法のもう1つの重要な法源として，不文の法規範である**国際
慣習法**がある。国際慣習法は，①それが国家によって広く行われて
おり（一般慣行），かつ，②それが法として認められている（法的確
信）場合に，成立する（→慣習法の概念については7頁も参照）。国
際慣習法は，条約のような明示の合意がなくても国家を拘束するの
で，主権国家の意思と対立する面がある。例えば，ウィーン条約法
条約の規定のかなりの部分は，国際慣習法として認められており，
同条約の当事国でなくても適用を受けると解されている。

(3)　国際法と国内法

条約の国内実施　　　国際法は，第一次的には国家の権利義務を規
律する法であるから，当然に個々の国民の権
利義務に影響を与えるわけではない。しかし，多くの国際法規範は，
国民の法律関係がそれに合わせて規律されることにより目的を達成
する。国民の法律関係を規律するのは第一次的には国内法であるか
ら，国際法をどのようにして国内法に取り込んでその規範内容を実

現するかという，**国際法の国内実施**が重要な問題となる。その具体的な方法は国ごとに異なるが，ここでは日本における条約の実施について見る。

　日本国憲法のもとでは，条約は国会の承認を経て内閣が締結し（73 条 3 号），天皇が公布する（7 条 1 号）。これとは別に，条約が発効するには，その条約に定められた効力発生要件を満たすことが必要である。発効した条約は，日本の国内法秩序において，特別の立法なくして，法としての地位（国内的効力）を獲得する。日本法にとって，例えばアメリカ法は法としての地位を有しない（アメリカにおいてそのような法が妥当しているという事実として認識されるにすぎない）のに対し，条約を含む国際法規範は「法」として扱われる（法的判断や法的評価の根拠となりうる）という点は，出発点として理解しておかなければならない。

　しかし，これだけでは当該条約が国内において実施されたことにはならない。国内実施のためには，当該条約の規範内容が，国民の具体的な法律関係を規律する基準となることが必要である。その方法としては，①直接適用，②担保法の制定，③国際法適合的解釈（間接適用）がある。

　①**直接適用**とは，条約の規定がそのまま日本の裁判所により適用されることをいう。例えば，ウィーン売買条約（CISG）（→ 164 頁）の規定は直接適用可能と解されている。その理由は，同条約が，私人間の法律関係を対象とする任意規定（→ 49 頁）であること，国家機関が私人の権利義務を侵害するときの根拠となる規定を含まないこと，などに求められる。逆に，罪刑法定主義（→ 70 頁）や法律による行政の原理（→ 176 頁，178 頁）と抵触する場合には，直接適用は認められず，次の②による。

②**担保法**の制定は，条約の規範内容を取り込んだ国内法（これを担保法という）を立法し，当該担保法の適用により条約の趣旨を実現する方法である。この方法は，条約が締約国の裁量に委ねている国内実施の手続などについても担保法で明確に定めることができ，また関連する法令も同時に改正されることが多いため，既存の法制度との間に調和を図ることができるという利点がある。日本の立法実務は，日本が国内実施義務を負う条約を締結する際には原則として担保法を制定し国内法制度を整備するという「完全担保主義」を採っているとされる。国際的な子の連れ去りに対応するために，日本が2014年にハーグ条約に加入した際には，条約の国内実施のために「国際的な子の奪取の民事上の側面に関する条約の実施に関する法律」が制定された。これが担保法の例である。

③**国際法適合的解釈**（間接適用）とは，国際法の趣旨に合うように国内法を解釈し，それによって国際法の規範内容の実現を図ることをいう。ここで問題となるのは，条約の国内法秩序における序列である。通説は，条約は憲法より下位，法律より上位に位置すると解している。そうすると，法律を解釈する際に上位の条約の趣旨に適合させるのは，憲法の趣旨に適合させるのと同じ上位法適合的解釈の一環として説明できる。

国際法違反と国内法

もし，条約を実施すると憲法その他の国内法に違反することになるために，条約を実施できない場合にはどうすればよいか。国際法上，国内法は国際法違反を正当化する理由にはならないため，当該国内法を改正するか，条約から脱退するかして矛盾を解消することになる。

（4）　国際私法──法の抵触

|国際私法とは|

世界にさまざまな国の法が併存しているという前提は，私人間の法律関係にも影響をもたらす。例えば，日本の企業と韓国の企業が取引を行う場合，日本の民法と韓国の民法とでは規律が異なることがある。これを**法の抵触**という。このような場合に，日本の民法と韓国の民法のいずれが適用されるかを決定しなければならない。適用される法を**準拠法**という。準拠法は，企業間の取引であればあらかじめ契約に明記しておくことが通常であるが，そうでない場合に，準拠法を選択する基準となる法が必要になる。これが**国際私法**である（日本では「法の適用に関する通則法」という法律が主たる法源である→163-164頁）。

|国際的な民事紛争|

日本の企業と韓国の企業との間で紛争が生じた場合には，日本の裁判所と韓国の裁判所のいずれが管轄（→32頁）を有するかという**国際裁判管轄**の問題が生じる（これも企業間ならあらかじめ契約で定めておくのが通例である）。仮に韓国の裁判所が管轄をもつとしても，日本国内の当事者や物件に対し直接権限を行使することはできないから（領域主権→201頁），文書の送達（→32頁）や証拠調べ（→34-35頁）の際に日本の裁判所の協力が求められる。これを**国際司法共助**という。その結果，韓国企業勝訴の判決が言い渡され，その判決に基づいて日本企業の日本国内所有財産に強制執行（→30頁）をかけるには，やはり領域主権のため日本の民事執行手続によらなければならない。その際，韓国の裁判所の判決の効力を日本において承認し，強制執行の根拠とすることを，**外国判決の承認執行**という。こうし

た国際的な訴訟手続法の問題を扱うのが，**国際民事手続法**である。日本の国内法としては，民事訴訟法や民事執行法の中に，国際民事手続法に関する規定が置かれている。

（5）　国籍 —— 国際社会における個人

国籍の意義と効果　　**国籍**とは，個人がある国家に帰属している地位を示す概念である。その国の国籍を有する者を**国民**といい，有さない者を外国人という。

国籍は，国内法および国際法上，さまざまな効果をもたらす。国内法上の効果として最も重要なのが選挙権であり，現在日本では，国政選挙・地方選挙とも，選挙権は日本国民にのみ認められている（ただし，最判平成 7 年 2 月 28 日民集 49 巻 2 号 639 頁は，地方選挙権については立法で一定の外国人に付与する余地ありとする）。また，公権力の行使に当たる行為を行ったり，重要な施策に関する決定に関与したりする公務員に就任するにも，日本国籍が要求される。最高裁はこれらの根拠を**国民主権**（→ 97 頁，102 頁）の原理に求めている（前掲最判平成 7 年 2 月 28 日〔地方選挙権〕，最大判平成 17 年 1 月 26 日民集 59 巻 1 号 128 頁〔公務員〕）。他にも，個別法上，国家から給付を受けるのに国籍が要件とされている例がある（生活保護法など）。

国際法上の効果としては，国民に対しては入国（帰国）の自由が保障されるのに対し，外国人の入国・在留は権利としては認められず，領域主権を行使する国家の裁量に委ねられるという違いが出てくる。日本の最高裁は，このことを前提に，**外国人の人権**（→ 105 頁）は外国人在留制度の枠内で認められるにすぎず，外国人が行った政治活動（それ自体は人権として保障される）を消極的に考慮し

て在留期間の更新を拒否しても違法ではないと判示している（最大判昭和 53 年 10 月 4 日民集 32 巻 7 号 1223 頁〔マクリーン事件〕）。他方，国籍は，自国の領域外にいる自国民に自国法を**域外適用**（→ 202 頁）する根拠となったり，その在留国に対して自国民の保護を求める**外交的保護権**の根拠となったりする。

| 国籍の取得 | 国籍取得の要件は，国際法ではなく，各国の国内法がそれぞれに定めている。日本では，憲法 10 |

条を受けて**国籍法**が制定されている。出生による国籍の取得（先天的取得）に関する立法政策としては，血統主義と（出）生地主義がある。**血統主義**は，親と同じ国籍を子に付与する立場であり，**生地主義**は，生まれた国の国籍を付与する立場である。日本の国籍法は，父母のいずれかが日本国民であるときに子も日本国民とする血統主義を原則としつつ，子が無国籍となるのを防ぐ観点から補充的に生地主義により日本国籍を付与する立場を採っている（2 条）。また国籍の後天的取得として**帰化**の制度があるが，帰化を許すかどうかは国家の裁量による。

| 国籍国の保護が
受けられない者 | このように，国籍は，国家を介して国際社会とつながる基本的な身分であるが，政治的な理由により国籍国から迫害を受けるおそれに |

さらされた**難民**や，いずれの国の国籍も有さない**無国籍者**の保護が，国際社会の課題となっている。日本は**難民条約・議定書**の当事国として難民の受入れを行っているが（もっともその数は他の当事国に比べて著しく少ない），無国籍者に関する条約には未加入である。

（6）　国際社会における紛争解決

　国際社会における紛争は，①国家間の紛争，②私人間の紛争，③国家と私人の間の紛争で，まったく違った様相を呈する。

　①国家間紛争　　国家が国際法違反を犯すと，**国際責任（国家責任）**を負い，それによって損害を被った国家は救済を求める権利を得る。もっとも，違反事実の有無や法の解釈適用に対立があれば，そこに紛争が生じる。かつては，**戦争**などの**武力行使**が紛争解決の手段として用いられたが，現在では，**国際連合憲章**のもとで武力行使は禁止され，**紛争の平和的解決**が義務づけられている（2条3項）。平和的解決の手段としては，**国際司法裁判所（ICJ）**をはじめとする司法機関による裁判や，仲裁がある。個別の条約に基づく手続としては，**世界貿易機関（WTO）**の紛争処理手続もよく利用される。

　②私人間紛争　　私人間紛争の司法的解決は，各国の国内裁判所によってなされる。国際裁判管轄は国際民事手続法により決定される（→206頁）。もっとも，どちらか一方の当事者の国の裁判所が管轄を有すると，他方当事者は外国で訴訟を追行しなければならず不利であるし，どのような判決が出るか予測がつかないという不安もある。そこで，企業間の取引などにおいては，公平を期すために，紛争が生じた場合には第三国で仲裁（→43-44頁）に付すことを取り決めておくことが多い。企業間の国際紛争で行われる仲裁を**国際商事仲裁**という。

　③国家・私人間紛争　　国際法上，私人が国家を相手取って国際機関に紛争解決を求めることのできる仕組みは，多くない。地域レベルではヨーロッパ人権裁判所（→244頁）がその重要な一例であるが，世界規模で（裁判ではないものの）類似の機能を果たすも

のとして，国連の**自由権規約委員会（規約人権委員会）**がある。同委員会は，被害者個人からの通報（申立て）を受けて，当事国の自由権規約（国際人権 B 規約）違反について審査する権限を有している。ただし，それを利用するには，当該国家が自由権規約の第 1 選択議定書を批准している必要がある（日本は未批准）。

国家・私人間紛争における仲裁として，**国際投資仲裁**に触れておく。これは A 国と B 国の間で締結された国際投資協定（条約）の紛争解決条項（ISDS 条項）に基づいて行われる仲裁である。例えば，A 国の投資家（企業など）が B 国に投資（資本を投じる経済活動全般をいい，工場設営などを含む）をし，B 国の国内法上の規制強化などにより投資財産が侵害された場合に，投資家が B 国政府を仲裁に訴えて補償を求めることができる。ただし，仲裁で判断されるのは，B 国に投資協定上の義務違反があったかどうかであり，B 国法上の適法・違法ではない。これにより投資家は，B 国の国内法や国内裁判に依存せずに補償を受けることが可能となり，外国における投資のリスクを軽減することができる。他方，B 国の公益上の措置の適否が（多くの場合外国人の）仲裁人によって判断されることの正統性も問われている。

(7)　グローバル・ガバナンスと法

グローバル・ガバナンス

ここまで，国家と個人を主たるアクターとする国際社会の法について概観してきた。しかし，近時，それ以外のアクターの存在感がますます増している。

多数国間条約により設立された種々の**国際組織**（代表例はいうまでもなく**国際連合**である）は，国際法を，二国間の交渉の道具から，

国際社会の共通利益の実現手段へと変えつつある。例えば，国連安全保障理事会がテロ防止のために財産凍結の対象となる国際テロリストを指名すると，加盟国は指名された者の財産を凍結するために国内法上の措置をとる義務を負う。加盟国は，安保理の決定に拘束力を与える国連憲章（25条）にあらかじめ同意をしているとはいえ，個々の決定の内容についてその都度同意を与えるわけではない。このように国際組織が加盟国の意思から独立した決定権を有する現象は，今日拡大している。NGO などの非国家主体が国家や国際組織に代わる規制機能を果たすことすらある。このように，超国家的な課題の管理や政策実現が国家以外のさまざまな主体に拡大している現象を，グローバル・ガバナンスと呼ぶ。

　なお，ヨーロッパ連合（EU）は，EU の決定が構成国の国内法において直接適用されるなど，より強い権限をもっている（→ 244頁）。しかし，EU は地域統合のために各国が主権の一部を移譲して設立された国際組織であり，一般の国際組織やグローバル・ガバナンスとは前提が異なるともいえる。

ソフトロー　　従来の国際法学は，法的拘束力の明確ではない基準・指針・ガイドラインなどをソフトローと呼び，その機能に注目してきた。グローバル・ガバナンスにおいては，ソフトローの果たす役割が特に重要となっている。例えば，金融活動作業部会（FATF）という政府間会合は，マネーロンダリング・テロ資金供与規制のための国際基準を策定し「勧告」という形で公表している。FATF は条約の根拠のない事実上の会合にすぎず，その勧告にも法的拘束力があるわけではない。しかし，FATF は定期的に関係国の国内法が基準に適合しているかどうかを審査し，そ

の結果を格付けして公表している（日本は 2019 年に第 4 次審査を受けた）。これによってマネロン対策に不備があると判断されると，その国の金融機関が他国の金融機関から取引や提携を敬遠されるおそれがあるため，FATF 勧告に従う事実上の圧力が働いている。暗号資産（仮想通貨）（→ 198 頁）を扱う業者も対象となる。このような形での規範の機能を考察することも，今後は法学の重要な課題となろう。同時に，FATF などグローバル・ガバナンスを担う主体の民主的正統性や，透明性・説明責任を追求していくことも，グローバル社会における法の役目である。

参考文献
入門として，
森川幸一＝森肇志＝岩月直樹＝藤澤巖＝北村朋史編『国際法で世界がわかる――ニュースを読み解く 32 講』（岩波書店，2016 年）
大沼保昭『国際法』（筑摩書房，2018 年）
本格的な学習に，
酒井啓亘＝寺谷広司＝西村弓＝濱本正太郎『国際法』（有斐閣，2011 年）
中西康＝北澤安紀＝横溝大＝林貴美『国際私法〔第 3 版〕』（有斐閣，2022 年）
条約を調べるには，
『国際条約集』（有斐閣，定期的に改訂）
森肇志＝藤澤巖＝玉田大＝竹内真理＝伊藤一頼＝北村朋史『分野別 国際条約ハンドブック』（有斐閣，2020 年）
特に(7)について，専門的な論文集であるが，
浅野有紀＝原田大樹＝藤谷武史＝横溝大編著『グローバル化と公法・私法関係の再編』（弘文堂，2015 年）

第 4 章

法とは何か, 再び

——違った角度から

1 はじめに

本章は，現行法からいったん距離をとり，法の変遷と多様性について異なる視角を提示するために設けられている。来歴と差異を語るからには，法が時と場所に応じて内容をたがえることを前提としているが，その意味を理解することから始めよう。

法の変遷と多様性

有形にせよ無形にせよ一定の強制力を背景とした社会規範として法を定義するならば，それはあらゆる社会に見出されることになろう。「社会あるところに法あり (*Ubi societas, ibi jus*)」（→2頁）との法格言が語るところである。もちろん，こうした形式的な法の定義は，具体的内容の同一性を指示しない。むしろ上掲の法格言は，社会が異なれば法は異なるという言明をも内包する。例えば，子どもと大人とを区別することは普遍的といえたとしても，その線引きを何歳とするか，子どもが単独で有効に行える事柄は何かといったルールは法体系ごとに異なる。時の要素を付け加えれば，わが国でも子どもと大人との境界は時代によって変遷してきた。

本書がこれまで説明してきた規範群は「現在の」「日本社会の」法であり，過去の日本社会の法，現在の他の社会の法，過去の他の社会の法とは異なりうる。特定の場所・時点における各々の法をスナップショット的に把握すれば，それぞれが閉じた体系を成していると考えることも可能ではあろう。しかし，法学の分野では，（既にラテン語の法格言を引いたように）古代ローマに遡る史的事象に言及され，外国の法制が参照されることがしばしばである。

| 正しさ，法＝権利 |

そもそも，異なる法の知見がわれわれを納得させるのはなぜか，考えてみれば奇妙なことである。もう1つラテン語の表現を引いてみよう。「法がある」ということは，「各人に各人のものが帰属している（*Suum cuique tribuere*）」状態であるといわれる。事物が収まるべきところに収まっていることが社会の秩序として「適正である」「正しい」という感覚を表現している。「法」という訳語が当てられるフランス語の droit，ドイツ語の Recht は，ラテン語の *jus* を語源とし，いずれもこうした語義をもつ。そうした感覚は普遍的に共有されているといってよいであろう。

　法は，「正しさ」の提示にとどまらず，その復元をも本務とする。「正しさ」が実現された状態を「正義（*justitia*〔羅〕, justice〔英・仏〕, Gerechtigkeit〔独〕）」と称するが，この語はそこへ人々を導く「裁判」を同時に意味する。法の下にある各人は，既存の「正しさ」が毀損されることで害を受けたならば，その回復を求めることができる。損害賠償請求訴訟（→ 54 頁）や行政処分の取消訴訟（→ 179 頁）を想起すればよい。裁判を作動させうる地位もまた *jus*, droit, Recht 等で表現される。両者を区別する場合には，前者に「**客観的**」，後者に「**主観的**」という形容詞が付加される。すなわち，客観的な *jus*, droit, Recht が「**法**」であり，主観的なそれらは「**権利**」に当たる（→ 5 頁）。なお，日本語において「法」と「権利」とが区別されているのは，law と right とを使い分ける英語を媒介したためである（「権利」は明治期の新語である）。

　出発点に戻ると，こうした「正しさ」の感覚の普遍性が，異なる社会間での法の相互参照の基礎と考えられる。この点を確認したうえで多様なバージョンの「正しさ」を参照するならば，眼前のルー

ルが依拠する「正しさ」のバージョンが自明ではないことに気づき
うるであろう。

本章の対象　本書のこれまでの内容の吟味に手がかりを供給する
ることが本章の務めであるから，叙述の対象は自
ずと限定される。現行の日本の実定法制の基礎である西欧諸国の法
を対象とする。その背景には明治期の近代化があることはいうまで
もない。当時の日本は，広範囲に西欧法を取り込んだ。このような
大規模な異法の参照による既存の法体系の包括的更新を「**継受**」と
いう。

　わが国における継受の経験はこれが初めてではない。第 1 の継受
は，7 世紀末～ 8 世紀の出来事である。当時の朝廷は，唐から律
令制（刑罰に関する「律」と主として行政に関する「令」）を移入す
ることで統治体制を整備した。この第 1 の継受から明治期の第 2
の継受までの法の変遷を辿ることは断念し，後者に視点を限定する。
なお，第二次世界大戦後のアメリカ法の影響を第 3 の継受とする
場合もある。

　継受の対象であった 19 世紀後半当時の西欧の法は，原則として，
前述の「**客観法**」の源を国家に集約し，「**主観法＝権利**」の主体を
個人に限定するものであった。以下の紙幅はこの「近代の法」とは
何かを説明することに費やされる。そのためにまずは原基を提示し
(**2**)，これとの対比において，近代法の意義を素描する（**3**）。しか
しこの法は，確立からほどなくして修正を受けた（**4**）。この局面が
本書各章の叙述に概ね対応していることになるが，同時に，本書の
至るところで更新が予告されてもいた。そうした新規の諸要素にも
若干の展望を与える（**5**）。

　本章はもっぱら西欧（およびアメリカ）の法を対象とするが，他の法体系を軽んじるわけではない。例えば，中華世界の法やイスラームの法は，西欧法とは根本的に異なる法観念を軸に構築されたものと考えられ（律令制が私法を含まないことがその例である），批判を促す点で貴重である。また，グローバル化に直面する現代において，差異を踏まえた異法間の協働の必要性は指摘するまでもない。

2　近代法の淵源

　1では「西欧法」という曖昧な括り方をしたが，明治期における継受の主たる対象は，フランス法およびドイツ法であった。両法は「**大陸法系**（Civil Law，ローマの市民法を意味する *jus civile* より）」の主要部分を成す。この括り方は，イギリス法の影響を受けた諸法を指す「**英米法系**（Common Law，イギリスの伝統的法源の名称より）」との対比を目的とする。両者の差異は，法源や法の担い手について顕著である。また，古代において形成され，中世において再発見されたローマ法，とりわけ現在の民法に連なるローマ市民法の影響の強弱も区別の基準となる。

民事訴訟の成立 ｜ ローマ法について最低限の知識を得ておこう。紀元前500年頃に王政を廃し共和政へと移行したとされる都市国家ローマの法は，前450年頃に画期を経たとされる。この年代は，不文の慣習法源を成文化した十二表法の成立年代と重なる。そこで指示される裁判手続が重要である。それまでの裁判は，ある市民が提起する問題につき，都度選出される別の

市民（審判人）がこれを裁断するものであり，政治的階層に属する者同士による討議の延長上に位置づけられる。こうした特徴は，刑事訴訟については，その後も保持された。しかし民事訴訟については，手続が 2 段に分化した。審判人に争点が提示される以前に，原告の地位について独自に判断がなされるようになる。換言すれば，訴訟要件の審査（訴える資格の有無の審査）と本案の判断（紛争を解決するための判決・決定）とが分離される。これをもって「政治」から区別された「法」が成立したといわれることもある。（判決・決定の担い手が市民自身か職業裁判官かの違いはあるが，）現代の民事訴訟にまで連なる特徴的な手続は，すでにこの時点で形を成した。

法務官法と法助言者　　第 1 段階の審査は，前 4 世紀後半には，法務官 (*praetor*) という官職がこれを担うものとされた。これを機に，ローマ市民法はさらなる進展を経験する。前述の十二表法が列挙する訴訟は限定列挙されており，新たな需要，とりわけ交易の拡大に伴う契約法規範の拡充の要請を満たしえなかった。この限界を打破したのが法務官であり，既存の訴えの適用範囲を拡大するよう審判人に提案を行った（その書面の名称から「方式書訴訟」といわれる）。さらに法務官は，就任時に自らの任期中にのみ通用する一般的規範（告示）を定立する権限を活用し，新たな訴えのリストを創出するに至る。その内容は後任の法務官の告示においても踏襲されることが通常であり，リストは豊富化されていった。以上の活動からもたらされた法規範は，「法務官法」「衡平法 (*jus aequum*)」と称される。「衡平」の語は，硬直化した既存の法（厳格法）の緩和を表現する。例えば，詐欺・強迫といった意思表示の瑕疵を理由とする取消し（→ 52 頁）は，衡平法上の

制度であった。法務官は厳密には裁判官とはいえないが，訴訟手続の一端を担う点でそれに類比されうる。衡平法は，後代における裁判官による法創造に範型を提供した。

　以上の過程を経て，民事裁判は量的にも質的にも発展を遂げる。これを支えたのが，法助言者（*jurisconsultus*）と称される専門家の活動であった。彼らは，当事者に対する助言にとどまらず，法務官付のスタッフの役割をも担った。帝政期に入ると，法務官による法創造は下火となるが，過去の法務官告示，民会や元老院の立法等に関する法助言者の解釈は体系化されていく。彼らの活動に彩られた紀元後1世紀〜3世紀前半は，ローマ法の古典期と称される。

中世ローマ法学 ｜ 法助言者が残したテクスト群は，6世紀前半に東ローマ皇帝ユスティニアヌス1世〔*c.*482-565〕の命により編纂された「**市民法大全**（*Corpus juris civilis*）」全4篇中の1篇を成した。これを「学説彙纂（*Digesta*）」という（この後「パンデクテン（*Pandekten*）」の語が出てくるが，これはギリシャ語で学説彙纂を指す$\pi\alpha\nu\delta\acute{\epsilon}\kappa\tau\alpha\iota$〔*Pandectae*〕のドイツ語表記である）。他3篇は，歴代の皇帝立法を集めた「勅法彙纂（*Codex*）」，法学校の教本である「法学提要（*Institutiones*）」，ユスティニアヌス帝の勅法を追録した「新勅法（*Novellae*）」という。

　市民法大全は，ゲルマン諸部族法が通用した初期中世の西欧世界では顧みられることはなかった。しかし，ビザンツ圏との交易が拡大した11世紀末葉から12世紀にかけて再発見される。すなわち，北イタリアのピサに伝えられ，ボローニャ大学において検討・解析の対象とされた。法学の再興は，各地に勃興した大学を制度的基盤とする「12世紀ルネサンス」の一環として整理される出来事でも

あった。

　当時の法学のスタイルは，「書かれた理性（*ratio scripta*）」と称された市民法大全のテクストを権威とし，その意味内容を欄外註釈の形態で確定していくというものであった。「註釈学派（*glossatores*）」と称される一群の法学者の活動は，13 世紀前半に盛期を迎える（とりわけアックルシウス〔1182-1260〕の註釈は，その網羅性と完成度において「標準註釈」と称された）。その後，14 世紀に至ると，ローマ法学は実務的色彩を強め，社会の実情に合わせた修正が施されていく。当時のイタリアの法学者は，その著作のジャンル名から「註解学派（*commentatores*）」といわれる（e.g. バルトールス〔1313or14-57〕，バルドゥス〔1327-1400〕）。

　こうして新たに学識法として立ち現れたローマ法との距離から，主要な 3 つの法域の特質を把握することができる。現在の国民国家の単位を投影することは時代錯誤ではあるが，仏独英の 3 法域をみてみよう。

　　フランス　｜　フランス法とドイツ法は，ローマ法に対して正反対の態度で臨んだといわれる。フランス南部では，地理的近しさからローマ法の影響が近世に至るまで残存したのに対して（成文テクストである市民法大全が重視されたことから南部は「成文法地方」と称される），北部では，自生的法としての慣習法が実務を支配したとされる（慣習法地方）。しかし，区分は相対的なものであり，ローマ法と慣習法は，いずれの地方でも混交をみせていた。南部でも主たる法源は慣習法であり，その内容がローマ法に似通っていたがゆえに成文法地方と称されるにすぎない。北部でも，慣習法編纂にあたってローマ法の概念による体系化が進められた。

　それでもローマ法の拒絶が語られる理由は，とりわけ16世紀以降，固有の「フランス法」を掲げる言説が繁茂したことによる。ギリシャ・ローマの文芸の復興を共通項とする諸活動はルネサンスと称される文化変容の一環であるが，なかでも文献学を基礎としたテクスト批判（**人文主義**）は法学にも及んだ（e.g. ビュデ〔1468-1540〕，キュジャス〔1522-90〕，ドノー〔1527-91〕）。市民法大全を中心とするテクストの再吟味は，同時代におけるローマ法の通用可能性への疑義を呼び起こした。

　その一方で，宗教戦争前後の王権の動揺を背景として，「主権者としての国王」が盛んに称揚された。新たな実定法源としての王令の漸次的増大，また，王権のもとで進められた慣習法の成文化事業（1580年の新パリ慣習法編纂にて完結）を伴っていただけに，そうした言説は一層説得的であった。ローマ法の「拒絶」は，主権者の命ずる事柄が法となる，という実証主義的法観念の生成と軌を一にする。

　以上を背景として，ローマ法は「ユス・コムーネ（*jus commune*）」（地域限定で通用する局地法が欠缺（けんけつ）する場合に適用される一般法・普通法）たる地位を失う。しかし，ローマ法それ自体が捨て去られたわけではなかった。17世紀は，理性により認識されると考えられた普遍的・超越的規範を実定法に反映させようとする**自然法論**（e.g. ドマ〔1625-96〕）の盛期に当たるが，それが整序の対象とした法は，編纂された慣習法ではなく，ローマ法であった。後述する1804年の民法典も，ローマ法の規律を多くの部分で保存している。

ドイツ 　後のドイツの領域では，ローマ法の全面的継受が生じたといわれる。各地の大学でローマ法（およびキリスト教会の法規範である教会法）を修めた者が官僚機構・裁判機関の要職を占めるようになると，ローマ法に関する知識が必須の素養と認識されるようになる。さらに，1495 年設立の帝室裁判所において，裁判官の半数はローマ法を修めた学識法曹でなければならない，とされたことが決定的であった。神聖ローマ帝国が古代ローマの末裔たる旨を標榜していたことも背景を成す。

　もっとも，当時における法域の基本単位は，神聖ローマ帝国の権威のもとでそれぞれに君主を戴く小国家たる領邦，または，自治を誇る都市であり，各々の裁判所におけるローマ法適用の積み重ねこそが，継受という現象の本質であった。事実，ローマ法は法域の実情に合わせて修正されていく。中近世のドイツ地域におけるローマ法実践が「**パンデクテンの現代的慣用**（*Usus modernus Pandectarum*）」と称されるのはこのためである。この現象を，領域主権を背景としたローマ法の実定法化と理解するならば，事柄の実質はフランスと大きく異なるわけではない。自然法論（e.g. プーフェンドルフ〔1632-94〕，トマジウス〔1655-1728〕，ヴォルフ〔1679-1754〕）がローマ法を対象としたスクリーニングを主たる内実としていたことも同様である。いずれの要素を重視するかにもよるが，独仏の対抗的関係を過去に引き延ばすことには慎重でなければならない。

イギリス 　以上に対してイギリス（便宜的にこの語を用いるが，以下はイングランドにのみかかわる）では，比較的早期に王国裁判所の管轄が全領域に及び，13 世紀には一般的

法源としての「**コモン・ロー**（Common Law）」が成立した。北イタリアからの物理的距離もさることながら，ローマ法学の影響が小さかったのはこのためである（ただし，スコットランドではローマ法学に依拠した法発展がみられた）。

相違は法の内容のそれにとどまらない。市民法大全のようなテクストの集成をもたなかったことから，具体的事案に対する判決が法規範を形作ることとなった。判決の文言から一般的命題を抽出することが法的推論の主要部分となる。担い手は，大学ではなく法曹学院（Inns of Court）で養成された実務法曹であった。

非成文法・法曹法という特質は後代にも生き続け，英米法系の**判例法主義**は，大陸法系の**法典法主義**と対置される。ただし，この対置は大きな特徴を捉えたにすぎず，いずれも後述するように，前者でも立法の重要性は高く，後者でも判例による法創造の余地は大きい。

その一方で，形態的に事柄を観察すれば，イギリスにおける法発展は，古代ローマのそれに類比することができる。第1に，陪審制を原則とし裁判に政治的決定たる実質を残した点が挙げられる。第2に，次第に硬直化するコモン・ローに対して，国王の代理人たる大法官による**エクイティ**（Equity）手続が新たな規範を接ぎ木していくことも特筆される。例えば，英米法系で固有の発展を遂げた信託の制度は，大法官の判例法に由来する。この過程は，ローマの法務官による衡平法の展開に似通う。ただし，イギリスに特有ではない。フランスにおいても，国王が，衡平の体現者として裁判官の厳格な法適用に介入することがあった。

「正しさ」を 実現するのは誰か

以上，3 つの法域の分岐について概観したが，これ以後の叙述にとって重視されるべきは，法を適用して「正しさ」を実現するのは誰か，という問いである。法＝権利の実現には裁判を経由するという基本を押さえると，判決・決定を下す，あるいは，手続を主宰して陪審の評決を促す裁判官が，「正しさ」を保障していると考えるべきであろう。裁判官の一団は，そうした日常的な法実践を資源として自律性を高めていく。この現象を「司法権の独立」の早期の確立と形容することもできる。

　しかし，政治システムにおける至高の存在たることを標榜する君主にとって，裁判官団は御しがたき存在といえた。国王自身が「正しさ」を生み出しうるのでなければならない。国王の立法，慣習法の公定，厳格法の衡平による修正，といった現象は，至高の権力の所在と「正しさ」の源泉とを一致させようとする運動として把握することができる（いわゆる**絶対主義**の 1 つの側面を成す）。

　16 世紀後半のフランスにおいて，ボダン〔1529 or 30-96〕が確立した「**主権**（souveraineté）」という概念は，以上の文脈にかかわる。当時において王権を称揚する言説が繁茂した（→ 221 頁）のは，現実の国王の脆弱性を反映していたからである。事実，いずれの社会も，諸身分・諸職団（裁判官団は最上級に位置づけられる）の均衡のもとで国家的まとまりを維持しえていたにすぎない。17 世紀中葉には，主権概念は各領域国家の対外的な自立性を尊重するものとして活用され（cf. 1648 年ウェストファリア条約），国際公法を成立させるが，国内実定法を基礎づけるにはさらに 1 世紀以上を要した。

3　近代法の確立

　近代法は，なにか単一の出来事によって成立するものではない。西欧の各法域が長期にわたる固有の道程を経て，いくつかの原理を獲得したことをもってそこに到達したと認識されるべき事象である。

近代法のメルクマール　｜　一般的には，自由かつ平等な個人が（権利主体としての「**人**」**の普遍性**），他者から侵害されることなく財貨を所有し（**私的所有権の絶対性**），これを交換したり投資したりするために契約を締結しうること，とりわけその内容を自由に決定してもよいこと（**契約の自由，私的自治**）が，近代法の最低限の要素とされる。さらに，自由な活動の帰結として他者に損害をもたらしたとしても，過失がない限り責任を負わないという原則（**過失責任主義**）も付加される。これらの原理が実定規範として確認されたとき，「**法的安定性**（Legal certainty, sécurité juridique, Rechtssicherheit）」に支えられた自由な経済社会が成立する。以上を近代法のメルクマールとしよう。

　近代法について経済社会の基本法たる側面を強調することは，政治的な条件の差異を捨象することを意味する。事実，17世紀に立憲王政へ移行していたイングランド，18世紀末に激烈な政治変動を経たフランス，領域の統一に腐心し19世紀後半にそれを達成した後も帝政のもとで民主化を警戒し続けたドイツ，と差異はあまりにも大きい。それぞれの具体相を把握したうえで，共通する要素を抽出する必要がある。最も急峻な道行きを辿ったフランスを典型とすることが便宜である。

フランス革命｜上記のとおり（→ 224 頁），主権概念が権力の所在と法の源泉とを一致させる運動に仕えたと理解するならば，逆説的ながら，**フランス革命**こそがこれを現実化したといえる。革命は，王権に代わって国家の身分的・団体的編成の解体（いわゆる「封建制廃止宣言」〔1789 年 8 月 4 日〕に引き続く諸改革）を達成したからである。王権自体も打倒されることとなったが，元来，主権概念はその担い手を指示しない。主権が排他的に国王に帰属することは概念それ自体からは導出されないのであり，国王ではなく国民（Nation）ないし人民（peuple）（両タームは，代議制と直接制とのいずれを民主政体の本質とするかという論点に直結するが，立ち入らない）が主権者の地位に就いてもよい。

社会契約説と人権宣言｜国王なき政治もかねてより構想されてきた。最も顕著な貢献として**社会契約説**を挙げることができる。エッセンスを 2 点掲げよう。第 1 に，推論の出発点に置かれる自然状態は，現実の身分的・団体的編成をいったん捨象するための概念であると考えられる。個人を個人のまま把握し，政治および社会の構成単位として用いることが可能となった。第 2 に，そうした個人は契約を結び，自らの意思で国家を樹立し，自らその統治に服するものとされる。

　1789 年 8 月 26 日の「人および市民の権利の宣言」（以下「**人権宣言**」）を参照しよう。このテクストは，ルソー〔1712-78〕の社会契約説の翻案といわれる。国家とは，生まれながらにして自由かつ平等な人（1 条）による「政治的結合体（association politique）」（2 条）である。彼らこそが主権者であり（3 条），その一般意思が法律となり（6 条），自らをも拘束する。個人は，政治的

結合の当事者として統治の主体であるが，同時に，一般意思たる法律に服する点で統治の客体でもある（治者と被治者の同一性）。

　この定式からは，個人と国家との間に中間項が差し挟まれてはならない，との命題が導かれる。事実，人権宣言は，結社の自由の規定を有しない。他方で，解釈と称して主権者の意思＝法律を改変することは戒められる。「裁判官は法律を語る口でしかない」との18世紀啓蒙思想の権力分立論（モンテスキュー〔1689-1755〕）もまた，革命によって現実のものとなった。

ナポレオン諸法典	ローマ法であれ，慣習法であれ，既存の法規範は，主権者の意思たる法律によって確

認されなければならない。革命の初期から法典編纂が工程表に載せられた。もっとも，5つの法典（民法典，商法典，民事訴訟法典，刑法典，治罪法典〔＝刑事訴訟法典〕）が完成をみたのは，ナポレオン〔1769-1821〕が登場し，国内の混乱が収束した後のことである（これらの法典は「**ナポレオン諸法典**」と称される）。民法典（1804年）について垣間みると，政情安定後の作品であることを反映して，その内容は折衷的・保守的といわれる。とりわけ家族法に関して，革命期の平等に傾斜した改革からの後退が顕著である（cf. 均分相続の実質化のために制限された遺言の自由の復活。ただし，遺留分〔→129頁〕が限界を画する）。

　これに対して，財産法の多くの部分は，革命以前のローマ法のフランス的実践を書き留めたものといえる。実際，先に挙げた近代法の諸原理は，ローマ市民法それ自体に（〔奴隷を除く〕人一般の法主体性，諸成契約の承認，過失責任の限定的カタログ），または，中世・近世におけるその解釈に（諸成契約の一般化＝契約の自由，過失

責任主義の一般化）既に織り込まれていた。

　ただし，所有権の絶対性については注意が必要である。1 つの土地の上に複数の領主を重畳させる封建的な土地保有体制を否定するには革命を要したのであり，既得と形容することはできない。むしろここでは，封建的制約が取り払われることで，ローマ市民法に見出しうる所有権と同等のものが露出した，と整理すべきであろう。このように個々の原理の来歴は多様であるが，フランス民法典が後に発展する自由主義的な経済社会の基礎たるべき特徴を備えていたことはたしかである。

　法典の成立後，条文の意味の確定こそが法学であるとの確信が学説を支配した。これを「註釈学派」と称する（e.g. ドゥモロンブ〔1804-87〕）。法典に欠缺はなく，裁判官の役割はその字義通りの適用に限られるものとされた。

　　プロイセン
　　一般ラント法

ドイツについては，1871 年の国家統一と 1896 年の民法典成立が画期を成すかにみえる。しかし，近代法の獲得時点をそこまで遅らせる必要はない。

　フランスについて絶対王政が近代法を準備したことを強調したが，ドイツにおいてもそうした傾向がみられた。もっとも，規模のさまざまな領邦国家・都市国家の上に神聖ローマ帝国が置かれる重畳的体制がフランス革命戦争による崩壊（1806 年）まで続いたこともあり，いずれの法域を典型とするかによって叙述が異ならざるをえない。ここではプロイセンをみるにとどめよう。

　プロイセンでは，フリードリヒ 2 世〔1712-86〕による上からの改革が奏功し，身分と団体とを要素とする伝統的社会編成は国家

に仕える形で統合されていた（啓蒙絶対主義）。法典編纂も自然法論によるローマ法の整理を基礎として早くから俎上に載せられ，1794 年に「**一般ラント法**」として成立した。市民法にとどまらず，商事法，刑事法などをも内容とする法典である。それどころか，身分や団体に関する規定をも備えており，当時の国制全体を書き起こしたものといえる。分野の広汎さは，諸身分・諸団体の特権が自由な経済社会の発展に対する障害となっていることを自覚させるものでもあった。

法典論争から
パンデクテン法学へ

こうした特徴は，程度の差こそあれ，後の統一ドイツの領域全体にみてとることができる。新たな市民法の整備が課題とされるが，方法論の対立が生ずる（**法典論争**）。フランスに刺激を受けた一方の側は早期の法典編纂を要請する（ティボー〔1772-1840〕）。他方の側は，立法に拠ること自体が経済社会の自律性を損なうと考え，また，法発展の歴史的連続性を強調して（**歴史法学派**），法学による市民法の深化を先行させるべきであると主張した（サヴィニー〔1779-1861〕）。後者が支持され，法典編纂は先送りされる。この後，学説が参照したのは，やはりローマ市民法であった。その中から上述の近代法の諸原理（→ 225 頁）が確認されたと評することができる。

　法典をもつことと近代法をもつこととはイコールではない。ドイツの法学説は，ローマ法元来の体系性を一層頑強にすることで，法的安定性を確保した（**パンデクテン法学**。e.g. プフタ〔1798-1846〕，ヴィントシャイト〔1817-92〕）。学説が個別の規範から共通部分を抽象して概念を構成し（「法律行為」がその典型），裁判官が概念か

らの演繹により適用されるべき規範を一義的に見出す。こうした方法は公法の体系化にも寄与することとなった（e.g. ゲルバー〔1823-91〕，ラーバント〔1838-1918〕）。

　法的安定性の要請は，法規範の欠缺否定と法適用からの恣意性排除として敷衍される。フランスの註釈学派にとっては，主権者が制定した法典の万能性を信頼すれば要請を満たしえたのに対して，ドイツのパンデクテン法学からすれば，通時的な蓄積のなかから自ずと成るべきものであった。この意味で両者は対照的である。しかし，実定法の体系性を重んじてその外部に出ることを戒める点を捉えるならば，いずれをも**法実証主義**（Legal positivism, positivisme juridique, Rechtspositivismus）と形容することができる。ここにいう「法」は，超越的な存在（「事物の本性〔*rerum natura*〕」あるいは神）が与えた自然法ではなく「人定法」である。これを具体的な主権者が定立したと考えるか，それとも（主権の所在は括弧にいれて）人民（Volk）が歴史的・漸次的に形成したと考えるか，で分岐するにすぎない。

| 議会主権の確立 | イギリスでは，17 世紀の時点で，主権の所在をめぐる政治的軋轢は解決をみていた。内 |

乱状態のなか短期間とはいえ共和政を樹立した清教徒革命（1642年），および，暴力を経ずして国王の交代を実現した名誉革命（1688 年）により，王政の絶対主義化の可能性は潰え，「**議会主権**」が確立した。国王は，少なくとも 18 世紀中は，国政を左右しうる地位を保持したが，あくまで議会内での支持勢力の形成を通じてのことであった（「議会のなかの国王（King in Parliament）」）。

　2 つの革命は，それぞれに特徴的な社会契約説を生んだ。ホッブ

ズ〔1588-1679〕は，闘争状態として自然状態を措定し，恐怖に突き動かされた人々が，生得の諸権利（自然権）を放棄して全能の国家（リヴァイアサン）を樹立する，と考える。これに対してロック〔1632-1704〕は，自然状態は平穏で自足的なものであるとする。それでも人々は，所有ないし財産権を含む自然権をめぐって生じうる紛争を回避すべく，社会契約を締結して自己の諸権利の制約に同意し，かつ，政治的権力を議会と政府に信託する，と論じた。

法源の変容　　17世紀における政治変動は，法源に関する従来の了解を変容させた。諸身分・諸団体の特権による自由を擁護するものと観念されたコモン・ローは，国王の専制化に対する歯止めの役割を期待され，王権の介入を淵源とするエクイティと対置されていた。議会主権の確立後は，こうした政治的含意が失われる。両法源の補完的関係のもとで近代法の諸原理が獲得されていった（ただし，2つの法源がそれぞれ固有の裁判所を擁する点は堅持され，管轄の統合には1870年代の立法を待つ必要があった）。

その一方で，**先例拘束性**（同種の事案につき先例があればその適用を要する）の原理がより強く意識されるようになる。個々の裁判官による恣意的な法適用が抑制され，法的安定性の確保に資した。もっとも，判例法の硬直性は，後には批判の対象となる。立法による国政改革の主張（ベンサム〔1748-1832〕），主権者命令説を基礎とするイギリス流の法実証主義（オースティン〔1790-1859〕）は，この文脈に位置づけられる。議会の全権性の強調は，19世紀後半以後の立法の積極化を準備した。

アメリカの独立

アメリカのイギリスからの独立も，議会主権の射程にかかわる。本国議会に議席を有しない 13 植民地の人々は，自らは議会主権の埒外に置かれると主張し，本国の課税立法の企てを拒絶した。**アメリカ独立宣言**（1776 年）は，「生命，自由および幸福の追求」を自然権として享受する彼らが，その確保のために同じく自然権たる抵抗権を行使して主権者の地位に就き，新たな国家を樹立する旨の意思表明である。

　長期にわたる戦乱の後，13 植民地は合衆国憲法を制定し（1787 年），それぞれ主権の一部を連邦政府へと委譲した。各州は，憲法上の特定のない事項については固有の立法権・司法権を保持する。よってそれぞれが法域の単位を成すが，共通の大枠は旧本国法であるイギリス法であった。ただし，その関係は「選択的継受」と形容される。判例法主義，コモン・ローとエクイティとの区別など，基本的特徴を同じくするものの，先例拘束性の程度は相対的に弱く，個別の法規範も（植民地時代において既に）実状に応じて修正されていた（cf. 当時のイギリス法が採用していた長男子単独相続の否定）。

　連邦国家アメリカの統一性は，憲法を通じて確保される。合衆国最高裁判所は，**違憲審査権**を保持することを自ら宣言し（マーベリー対マディソン事件判決〔1803 年〕），後には，連邦法ばかりか，州法をも審査対象に加えた。さらに，南北戦争（1861-65 年）中およびその終結直後の平等権にかかわる憲法修正条項を梃子として，人権保障機関たる実質をも備えるに至った。

　憲法の最高法規性は，連邦制を採ったが故に必要とされたといえるが，立法権の行為を司法権が審査する体制は斬新なものであった。事実，ヨーロッパ諸国における違憲審査制度は，主として第二次世界大戦後に整備された。

4　近代法の修正

3では，自由かつ平等な個人から成る経済社会の基礎として近代法を把握した。しかし，早くも19世紀後半には近代法の一面性が認識されるに至る。課題は2点に集約されるであろう。

近代法の
フィクション性

第1に，現実の個人は自由でも平等でもない。あらゆる個人を等しく扱うことは，ときに強者による専横を正当化してしまう。近代市民社会は，平等性・開放性を謳いながら，資産を有する階層のみにメンバーシップを限定していたのではないか。

第2に，個人の析出は，身分・団体の否定と表裏であった。個人は，たしかに主権者の一人として国家を樹立したものと観念されるが，そうして出来上がった国家と対峙しなければならない。

いずれの課題も，個人の集合体，しかし国家とは異なる集合体を要請する。一度は否定された中間団体を再興し，個人と国家との間に「社会」なる次元を創出することが必要とされる。法もまた「**社会化**」を求められた。

政治に関しても，参政権の拡大と並行して，団体および政党が代表する諸利益の多元性が肯定され，民主政は新たな段階に至る。ただし，女性の参政権の承認は，第一次世界大戦以降に先送りされた（cf. 独1918年，米1920年，英1928年，さらに仏1944年）。

| 仏 独 関 係 | フランス・ドイツの両法域における近代法批判が1870年代を起点とすることは偶然ではない。イ |

ギリスの後塵を拝した両社会が**産業革命**の果実を享受し始めた時代であり，それに起因する社会問題が明確な形をとり始めた時代でもある。

　その一方で，両者の角逐は普仏戦争（1870-71年）へと展開した。勝利を収めたプロイセンは（オーストリアを排した形で）ドイツの統一を達成し，敗北したフランスは権威主義的体制（第二帝政）を清算して民主政の再構築へ向かう（第三共和政）。フランスでは，制度と理論の両面で法の停滞が強く意識され，ドイツ法の参照による更新が模索された。

| ドイツ民法典 | 参照先のドイツでは，統一から程なくして民法典の編纂が開始される。その第一草案（1887 |

年）は，パンデクテン法学の立法による確認を目指したものであった。抽象的概念による体系化は「総則」編に顕著である。これに対して，ドイツ固有法を称揚する論者（ゲルマニステン〔Germanisten〕。ローマ市民法を基礎とする論者〔パンデクテン法学一般を含む〕はロマニステン〔Romanisten〕と称される）から批判が加えられる（e.g. ギールケ〔1841-1921〕）。個人主義・経済的自由主義の過剰が指摘され，近代以前に範型を有する伝統的な団体法原理を参照した社会的市民法への転換が主張された。

　新たに設置された編纂委員会により第二草案が起草され，これを基に**ドイツ民法典**が成立する（1896年）。しかし，法の社会化の希求は後述（→237頁）の特別法によって既に満たされていたこともあり，第一草案からの隔たりは最小限にとどまった。以上の経

緯から，ドイツ民法典は，遅れて登場した前代の作品といえる。

| 日本における
近代法継受 | ここで日本の西欧法継受に言及することとしよう。明治維新直後の法教育はフランス法と並んでイギリス法にも拠っていたが，幕末に締結を |

強いられた不平等条約の撤廃に向けて迅速な近代法整備が企図されていたのであり，法典を擁する大陸法の継受は必然といえた。

　ナポレオン諸法典の翻訳によるバイパスの試みが頓挫した後，使命はお雇い外国人に託された。フランス人教授ボワソナード〔1825-1910〕は，刑法と治罪法を完成させ（1880 年），さらに民法をも手がけた（1890 年）。ボワソナードは，比較法を能くすることでナポレオン諸法典を批判したことはたしかであるが，註釈学派に学んだ世代に属することを強調しておこう。同じく 1890年に公布された商法は，ドイツ人教授レースラー〔1834-94〕（「ロエスレル」と表記されることもある）の手によるが，フランス商法典がモデルであった。以上に対して，民事訴訟法（これも同じく1890 年）はドイツのそれを基とした（テヒョー〔1838-1909〕による）。

　その後，固有の法伝統への回帰（ただし，ボワソナード民法の家族法部分は日本人委員の起草による）が主張され，**民法典論争**が生ずる。民法および商法の施行を延期する旨の法律が可決され，日本人委員が新たに起草を担当した（ただし商法は一部につき 1893 年に施行）。旧法を基礎としつつ主としてドイツ法を参照することでアップデートが図られている。民法は前 3 篇が 1896 年，後 2 篇が 1898 年に，商法は 1899 年に成立した。

　民法について確認すると，フランス民法典が基層を成し，上述の

ドイツ民法典第一草案が新たに参照された。日本は，仏独法が更新を開始した時代に，更新前の法を継受したと評することができる。自由主義を基調とする近代市民法の採用は，産業化を開始したばかりの日本社会にとっては，むしろ時宜に適っていた。社会問題への対応は先送りされる。

　以上の法典編纂と並行して憲法の起草も進められた。自由民権運動の激化のなか1890年の国会開設を約した政府は，天皇の強大な権限を確保しうる欽定憲法としてドイツ帝国憲法（1871年）（およびベルギー憲法〔1831年〕）に範をとり，1889年に大日本帝国憲法（明治憲法）を発布した。この後，ドイツ法への傾斜は分野を問わず一般化する。例えば，刑法の再編纂（1907年）を挙げることができる。民法については，フランス法由来の条文であってもドイツ法的に解釈することが通例となり，ドイツ法の「学説継受」と称される状況が生じた。

市民法の変容 | 　再び西欧に目を向けよう。近代市民法の限界は，産業革命の進展とともに意識された。以下の2つの例は，いずれも後に「**社会法**」と称される分野にかかわる。

　第1に，契約自由の原理は，労働契約（雇傭）をも貫くものであった。労働条件の一切を合意に委ねると，使用者は自己に有利な内容を弱者当事者である被用者に押し付けることができてしまう。同様の問題は賃貸借ないし小作関係においても生ずる。合意によっても排除しえない強行規定を通じて契約内容を上から平準化すること，また，集団を形成して交渉力の格差を補うことが必要とされた。

　とりわけ労使の対立は，ときに実力の応酬に至り，社会に大きな軋轢をもたらしたが，19世紀後半には，各国で，最低賃金や労働

条件の法定，団結権の承認，労働組合の法認に至った。もっとも，社会主義思想と結びついて急進化した場合は，規制・鎮圧の対象とされた（cf. 独・1878年社会主義者鎮圧法）。

第2に，不法行為分野での過失責任主義の限界がある。労働現場では，蒸気機関など複雑な構造物がかかわる事故が多くなり，被害者による立証は困難を極めた。また，損害の起点に被害者の操作ミスや介在した構造物の欠陥があれば，使用者の過失は認定されない。法域の別を問わず（ただし法律構成はさまざまであるが），厳格責任・無過失責任の法理が形成された。学説・判例の展開は，立法による対応を促し，労災補償制度が設けられるに至った（cf. 独1884年，英1897年，仏1898年）。

| 福祉国家へ | 社会法の出現は，自由放任を旨として社会・経済から距離をとる「夜警国家」から，問題解決のために介入を厭わない「**福祉国家**」への変容の徴憑でもある。個人と国家との中間項を嫌う近代法は，同業団体や教会などの諸団体を否定的に評価するが，それらが担っていた相互扶助の機能をも消失させていた。産業革命の進展は大量の工場労働者を要するところ，農村から都市への人口移動がもたらされた結果，地縁的結合に依拠することもできない。傷病・貧困といった個人に生ずるリスクを社会全体で引き受けることが求められた。

社会政策は各社会に共通の課題であったが，解法には各社会の相違が反映された。**社会保険**を例に採ろう。先行したのは，後発のドイツであった。統一の立役者であり長期に亘り首相を務めたビスマルク〔1815-98〕のもとで，上からの産業化と同時進行で強制加入保険制度が設けられた（1884年労災保険法〔上掲〕，1883年疾

病保険法，1889 年障害・老齢保険法）。権威主義的体制と表裏の後見的な介入である。

　いち早く産業化を達成したイギリスでは，傷病者の救済と貧困者への援助は，労働者の自助組織である協同組合と，紳士たる使用者のチャリティの領分であった。また，強固な自由主義が問題把握を遅らせたこともあり，社会保険制度の導入は 20 世紀初頭まで先送りされた（1911 年国民保険法）。

　フランスの状況もイギリスに類比される。ここでは自生的な互助組織である共済組合が企業からの拠出を受けながら社会保障を担っていた。国家は，この小規模の社会連帯を補完し，そこからこぼれ落ちる者を救済する（cf. 1893 年無償医療扶助法）。その一方で，革命以来の中間団体への警戒から，共済組合の法認には時間を要した（1898 年）。

　また，都市への人口集中から生ずる生活環境の劣悪化は，住宅の確保や公衆衛生の改善といった課題をも生んだ。これらが，産業育成のための公的介入（植民地政策を含む）とともに，行政の新たな活動領域となる。**行政国家化**の趨勢は，戦間期には一層揺るぎないものとなった。

　アメリカも例外ではない。自由な市場の維持のための消極的な国家介入（cf. 1890 年反トラスト法〔シャーマン法〕）が旨とされていたが，1929 年の大恐慌からの復興にあたり，生産調整や公共事業などを通じて失業・救貧対策が採られた（ニューディール政策）。労働者の団結権の保障も同時期の施策である（1935 年ワグナー法）。連邦最高裁は，当初，財産権侵害と連邦の権限踰越を認定して抵抗したものの，労使関係を含む経済分野立法の審査基準を緩和し，新たな傾向を追認した。

法学の変容：ドイツ　｜　以上の市民法の修正が法学の変容を伴っ
たことは当然の道行きであった。ドイツ
においては，イェーリング〔1818-92〕の転回に象徴される。彼
は，パンデクテン法学の主担者の一人であったが，その批判者に転
じ，これを「概念法学（Begriffsjurisprudenz）」と揶揄する。裁
判官は社会に存する諸利益を権利として掬い取り，立法者は個人の
社会的条件の改善を目的とするよう説くに至った。

　概念法学批判と社会問題への着目は，いわゆる「自由法学派
（Freirechtsschule）」へと展開した。法概念からの演繹によっては
利益を参酌しえないのであれば，概念の軛から脱した裁判官による
法創造が必要である（e.g. カントロヴィッツ〔1877-1940〕）。その
一方で，法の社会的機能それ自体，あるいは実定法とは位相を異に
した社会のルール（「生ける法（lebendes Recht）」）への関心が喚
起された。新たな探求は，法学の科学性・学問性への疑義を意識し
つつ，当時勃興しつつあった社会学を標榜した。法社会学の誕生で
ある（e.g. エールリッヒ〔1862-1922〕，ヴェーバー〔1864-
1920〕）。

　以上の新たな潮流は，アメリカにも紹介され（e.g. パウンド
〔1870-1964〕），元来の実用主義的法観念と結合し，リアリズム法
学へと展開した（e.g. カードーゾ〔1870-1938〕，フランク〔1889-
1957〕）。司法過程の恣意性を自覚するよう説かれ，利益衡量が正
面から肯定された。

　ただし，ドイツにおいて，批判理論が主流派を成したわけではな
いことに注意を要する。私法学の分野では，例えば，ヘック
〔1858-1943〕の「利益法学（Interessenjurisprudenz）」は，概
念法学批判を基礎として裁判官に具体的事件での利益評価を認めつ

つも，立法者が法制定に際して既に施した利益評価の尊重をも強いた。自由法論が恣意に堕することへの警戒であり，法実証主義の再定義でもあった。

　また，公法学においても，国家の法学的分析（その帰結が国家法人説である）と社会学的分析とを峻別したイェリネク〔1851-1911〕の学説は，前者の自律性を確保する点で，法実証主義擁護論と評しうる。

法学の変容：フランス

フランスにおける克服対象は，自己充足的で新規の解決を提示しえない註釈スタイルであった。「科学学派（école scientifique）」と称された批判者たちは，一方で，比較法に活路を見出し（e.g. サレイユ〔1855-1912〕，ランベール〔1866-1947〕），他方で裁判官による欠缺補充を肯定した（e.g. ジェニー〔1861-1959〕）。「科学学派」の語はジェニーの標語である「自由な科学的探求（libre recherche scientifique）」に由来する。その趣旨は，法欠缺を前にした裁判官に法文からの自由を認めつつ，"科学的"（従前の法学が学問たりえていないことの告発でもある）な推論に依拠した客観的法発見を要請することにあった。

　同時代における新規の現象として目を惹くのは，判例評釈の質量両面での充実である。法典の敷衍にすぎないはずであった裁判例は，現実の問題を前にした法創造の記録文書へと変貌し，これを論評して法規範に高めることが法学者の営為に数えられた。

　とりわけ公法分野では，政府に仕える立法準備のための機関として出発したコンセイユ・デタ（国務院）（Conseil d'État）が行政裁判所へと自己変革を遂げ，立法を前提としない大胆な法形成に乗り

出していた。評釈を通じた理論的な整序により，行政法の体系が調達された。主導者であったオーリウ〔1856-1929〕は，社会学と法学との架橋者でもあった。なお，国務院による判例法は，ドイツにおいても参照され，当地での行政法学の確立に寄与した（e.g. マイヤー〔1846-1924〕）。

法実証主義の限界 | 産業革命の進展は，資源と市場を求める植民地獲得競争を伴った（帝国主義）。諸国家の対立は，第一次世界大戦（1914-18 年）に至る。敗北したドイツは，革命的争乱のなかで君主政を廃し，共和政へと移行した。1919 年の**ワイマール憲法**は，社会権規定を豊富に有する。所有権もまた「公共善に仕える」ことを求められた（社会的所有権）。

　公法学は，新たな憲法体制の基礎付けに腐心する。最も透徹した分析は，ドイツと同様に大戦を機に共和政へ移行した隣国オーストリアから与えられた。「純粋法学」を標榜するケルゼン〔1881-1973〕は，法規範と社会的事実とを峻別し（当為と存在とを厳格に区別する新カント派の哲学を基礎とする），法学の対象を前者に限局する。その一方で，主権，自然法，正義といった実定法体系の妥当根拠をも法学は扱わないものとした。厳格な法実証主義と価値相対主義は，法の支配（彼は自らの構想にかかるオーストリアの憲法裁判所〔1920 年オーストリア連邦憲法〕の判事を務めた）と諸価値の多元的共存を通じて，新時代の民主政の側面支援を狙うものであった。

　ケルゼンの理論は，ドイツにおいて多くの論敵を見出した。一方に，社会的事実を重視する立場（e.g. スメント〔1882-1975〕，ヘラー〔1891-1933〕）が，他方に，法定立の政治的・価値的要素を強調する立場があった。とりわけ後者の代表格であるシュミット

〔1888-1985〕は，主権概念の再定位を図る。この超越的権能の保持者は，例外状態における一義的決定（決断〔Dezision〕）により法秩序をも停止しうると説いた。

　シュミットの理論は，直後の政治変動を準備したともいわれる。ワイマール憲法は，議会制がときに機動的な政策を阻害すること（cf. 同時代の第三共和政下のフランス）を見越して，大統領に緊急事態令の発令権限を認めていた。政権の座に就いたナチス（国家社会主義ドイツ労働者党）は，一方でこれを活用して国民の諸権利を停止し，他方で民主的手続を通じて（1933 年全権委任法）合法的に独裁体制を確立した。

　ナチス政権期には，多くのユダヤ人法学者が大学を逐われた。その一方で，法実証主義の立場に立ちつつ，民族（Volk）の共同体の観点から近代法の諸原理の修正を主張する者も現れた（e.g. ヘック〔上掲〕，ラーレンツ〔1903-93〕）。法秩序それ自体の根拠を問わない法実証主義は，法の背後の価値的要素の置換えに対して無力であった。

　第二次世界大戦（1939-45 年）の後，実定法の外へと関心が向くのは必然であった。かつて価値相対主義の法哲学を提示したラートブルフ〔1878-1949〕は，終戦後，自らの立論を修正し，不正な法は法ではない，と論じた。実定法を超越した「正しさ」への回帰は，西欧各国における「自然法の再生」を嚮導した。人権保障を国家の責務とする国際人権法の進展（起点として 1948 年世界人権宣言，および，1950 年欧州人権条約）とも軌を一にする。さらに時代を下れば，1960 年代以降のアメリカにおける正義論の復権（e.g. ロールズ〔1921-2002〕）も視野に入る。

Column⑥ **社会主義法** 各種の社会問題を，資本家と労働者・無産者との間の階級対立から生ずる構造的問題とし，後者の支配による対立の止揚を目標としたのが社会主義・共産主義であった。法の社会化と福祉国家への道程は資本家階級による支配に仕える欺瞞にすぎず，さらなる革命を要するものとされる。西欧各国でも影響力を有し，議会制の内外で地歩を固めたが，現実化をみたのは東方のロシアにおいてであった（1917年ロシア革命）。帝政の打倒にとどまらず，労働者階級による支配を実現したソビエト連邦は，計画経済体制による工業化を企図し，一定の成功を収めた。

　第二次世界大戦後には，中華人民共和国をはじめとしてアジアでも社会主義・共産主義国家が誕生する。ソ連とともに社会主義法系にカテゴライズされた諸法域では，私的所有権や契約自由など近代市民法の原則が否定される。その一方で，革命の防衛の意識は体制の権威主義化を促すこととなった。経済的・政治的自由の抑圧は東西冷戦下でさらに強固となる。しかし，自由なき経済は次第に活力を失い，1980年代後半以降，各法域で体制転換が図られた。

5　近代法の射程

　以上が，第二次世界大戦を終点とした巨視的な比較法史である。これ以降の諸問題については各章の参照を請うこととし，2点の概括的な現状確認を付すにとどめよう。ここでも近代法の要諦の確認から始めたい。幾度も指摘したように，近代法は，主観法＝権利の主体としての「人」の普遍性を前提に，そうした人々が樹立する「国家」を客観法の担い手としていた。修正局面で中間項が差し挟まれたとしても，両極は不変であった。現在では，それぞれの極において変容が生じている。

国家を超えて

まずは「国家」についてみてみよう。第二次世界大戦の破局的な戦禍は，国際協調の気運をもたらし（日本国憲法前文をも参照），終戦から時を経ずして国際連合が創設された（1945 年）。もっとも，主権国家間の相互の義務づけという伝統的な国際法の枠組みを超えるものではなかった（変容の一端につき 210 頁）。より強度の国家間の協働は，主権の委譲による統合の方途を必要とした。

　二度の総力戦の舞台となったヨーロッパがこれを試みた。冷戦体制が強固になるなか，東欧諸国をも含む政治的統合は断念されたが（欧州評議会。なお，上掲の欧州人権条約は，この構想の残余部分にすぎなかったが，固有の裁判所〔欧州人権裁判所〕を擁し，かつ，私人申立を認めることで大きな発展を遂げた。21 世紀には体制転換後の東欧諸国での人権保障を推進する役割を果たしている），西欧の少数の国家が共同体（後の欧州共同体〔EC〕，欧州連合〔EU〕）を創設し，経済的統合を先行させた。共同体には当初から一定の立法権（規則，指令）と司法権（欧州司法裁判所→ EU 司法裁判所）とが委譲されていた。これを梃子に，構成国において直接適用され，かつ，その法に優越する**超国家法**が構築された（法的統合の骨格部分は，イギリスの離脱によっても揺るがない）。現在では，経済法分野にとどまらず，（事項により程度はさまざまであるが）刑事法，私法分野での法統一も進められている。

国家ではなく

グローバル化の進展もまた国家の存在理由を問い直している。前章に既出であるが（164 頁，210 頁），ここでは，グローバルな規範形成が問題領域ごとに実現されていることにあらためて注意を向けよう。国際金融，人道支援，

地球環境から，スポーツ，娯楽，情報技術に至る多様な分野で，国家を主体としない組織が，必ずしも強制力を前提としないルールを定立・運用している。

こうした現象は，ピラミッド型の階層的国家法が整然と並存し，ときに条約を通じて協働する，という秩序像を更新する。すなわち，ネットワーク型の水平的非国家的規範が雑然と重なり合う，というイメージへの移行である。後者は，職業や信仰など属性を同じくする人々が領域主権を単位としない共同体を成し，自生的な法（cf. 商慣習法〔*lex mercatoria*〕，教会法）に従っていた近代以前の法のあり方に似通うとも評される。

以上とは異質であるものの，同じく国家法・国際法秩序を脅かす現象として，企業によるスタンダード形成を挙げることができる。とりわけ，ウェブ上での人々の活動は少数のプラットフォーマーに依存せざるをえず（→ 197 頁），競争確保・課税・人権保障など，国家による規制の機能不全が指摘されている。

人 の 分 化　｜　つづいて「人」について検討しよう。既にみた19 世紀後半以降の法の社会化は，「労働者」というカテゴリーを設け，固有の法領域を作出していた（→ 123 頁，132 頁）。活動領域に応じて適用されるべき法が異なりうることの承認は，「消費者法」（→ 134 頁）の分化にもみてとることができる。近時では，「子ども法」「高齢者法」などライフステージごとに法を切り取る試みもある。

こうした発想自体はある意味では伝統的にみえる。「商人」の法としての商法の定義は一例であり，近代以前に遡る（これに対して「商行為」を基準とする商法の定義は，市民法上の人の普遍性を毀損し

ないための工夫である）。また，教会法は「信徒」の法と理解することもできる。翻ってみれば，「人」を個別的に把握しない近代法こそが特異といえるかもしれない。

　しかし，「労働者」「消費者」といった概念は近代法の前提にむしろ忠実である。それらは，関係の相手方（使用者，事業者）と同じ「人」でありながら構造的に相対的弱者に甘んずる者を，（あえて言葉を弄すれば）「人」に押し上げるための方策といえる。私的自治の実質化，ないし，自己決定支援が狙いである。以上の論理は，例えばアファーマティブ・アクションをも基礎づけうる。

人の範疇化　その一方で，属性の顧慮は新たな危惧を惹起しつつある。例えば，消費者保護の延長上に，比較的高度な知識を要する取引（cf. 金融商品，投資仲介）に関して援用される「**適合性原則**」をみてみよう（→ 169 頁）。この原則は，販売者に対して，リスクを引き受けるに足りる判断力を顧客が備えているか否かを考慮する義務を課す。しかし，個別的調査は迂遠であり，「後期高齢者」「主婦」「外国人」といった範疇的属性が用いられてしまうかもしれない。取引を欲する顧客からすれば，意思能力を欠くことなく，行為能力も制限されておらず，相手方からの説明を理解したとしても，自己決定を貫徹しえず，市場から排除されてしまう。

　同種の，しかし一層深刻な問題は，情報技術，なかでも AI（→ 194 頁）を用いた取引について指摘されている。例えば，住宅ローンの審査に AI が用いられていると想定してみよう。この AI は，顧客自らが提出する情報にとどまらず，収集が許されたあらゆる情報を基礎として信用リスクを判断するようプログラムされてい

るとする。顧客には融資が拒絶された。しかし，AI の判断プロセスは顧客にも銀行にも知りえない。SNS 上の情報から推察された思想信条や過去の非行歴が決定的であったかもしれない。しかも同種のプログラムが他のサービス（例えばクレジット売買や転職あっせんサービスへの登録）にも利用されていたならば，排除は構造的なものとなる。

　以上の自らにとって操作可能性のない属性による差別的取扱いは，近代法が否定しようとした身分や等級による序列化と同質といえる。これに対して，普遍的・抽象的な「人」概念は，新たな範疇化に抗しうるのではないか。

　また，「人」の普遍性・抽象性は，価値相対主義を内包し，性別の男女二項性の告発や，民族・宗教の多元性の承認要求など，アイデンティティを異にする諸個人を共存させる法技術でもある（日本国憲法における「個人の尊重」はこうした理解に立脚する）。個を尊重しつつ範疇化を回避するには容易ならざる舵取りを要するが，それでも近代法のコンセプトはいまなお堅持に値するように思われる。

参考文献

（法制史・法思想史）

木庭顕『ローマ法案内——現代の法律家のために〔新版〕』（勁草書房，
　2017）

村上淳一『〈法〉の歴史〔新装版〕』（東京大学出版会，2013）

勝田有恒＝森征一＝山内進編著『概説 西洋法制史』（ミネルヴァ書房，
　2004）

勝田有恒＝山内進編著『近世・近代ヨーロッパの法学者たち』（ミネル
　ヴァ書房，2008）

中山竜一『ヒューマニティーズ 法学』(岩波書店，2009)

中山竜一＝浅野有紀＝松島裕一＝近藤圭介『法思想史』(有斐閣，2019)

(比較法・外国法)

五十嵐清『比較法ハンドブック〔第 3 版，鈴木賢＝曽野裕夫補訂〕』(勁草書房，2019)

村上淳一＝守矢健一＝ハンス・ペーター・マルチュケ『ドイツ法入門〔改訂第 9 版〕』(有斐閣，2018)

滝沢正『フランス法〔第 5 版〕』(三省堂，2018)

田島裕『イギリス法入門〔第 2 版〕』(信山社，2009)

阿川尚之『憲法で読むアメリカ史（全）』(筑摩書房，2013)

岩田太＝会沢恒＝髙橋脩一＝板持研吾『基礎から学べるアメリカ法』(弘文堂，2020)

庄司克宏『はじめての EU 法〔第 2 版〕』(有斐閣，2023)

(現代的諸問題)

吉田克己『市場・人格と民法学』(北海道大学出版会，2012)

浅野有紀『法多元主義——交錯する国家法と非国家法』(弘文堂，2018)

弥永真生＝宍戸常寿編『ロボット・AI と法』(有斐閣，2018)

事 項 索 引

256

わ　行

法学入門
Introduction to Law and Jurisprudence

2021 年 4 月 30 日　初版第 1 刷発行
2024 年 2 月 5 日　初版第 4 刷発行

編著者	宍戸　常寿
	石川　博康
著者	内海　博俊
	興津　征雄
	齋藤　哲志
	笹倉　宏紀
	松元　暢子
発行者	江草　貞治
発行所	株式会社　有斐閣

郵便番号 101-0051
東京都千代田区神田神保町 2-17
https://www.yuhikaku.co.jp/

印刷・株式会社暁印刷／製本・牧製本印刷株式会社
©2021, George Shishido, Hiroyasu Ishikawa, Hirotoshi Uchiumi,
Yukio Okitsu, Tetsushi Saito, Hiroki Sasakura,
Nobuko Matsumoto. Printed in Japan
落丁・乱丁本はお取替えいたします。

★定価はカバーに表示してあります。

ISBN 978-4-641-12618-3